6,80

Erwin Fahlbusch · Einheit der Kirche

Theologische Existenz heute
Nr. 218

Herausgegeben von Trutz Rendtorff und
Karl Gerhard Steck

ERWIN FAHLBUSCH

Einheit der Kirche – eine kritische Betrachtung des ökumenischen Dialogs

Zur Rezeption der Lima-Erklärung über Taufe, Eucharistie und Amt

CHR. KAISER VERLAG MÜNCHEN

Für

Jomo Tobias

geboren am 12. Juni 1983
in Ramotswa (Botswana)

CIP-Kurztitelaufnahme der Deutschen Bibliothek

Fahlbusch, Erwin:
Einheit der Kirche – eine kritische Betrachtung des ökumenischen Dialogs : zur Rezeption d. Lima-Erklärung über Taufe, Eucharistie u. Amt / Erwin Fahlbusch. – München: Kaiser, 1983
(Theologische Existenz heute; Nr. 218

ISBN 3-459-01520-9
NE: GT

Umschlag: Christa Manner. – Printed in Germany.
Gesamtherstellung: Sulzberg-Druck GmbH, Sulzberg im Allgäu

Inhalt

»Kairos« der ökumenischen Bewegung? 8
Die Partner der ökumenischen Dialoge 14
Testfälle des ökumenischen Dialogs 19
Ein Versuch, Rezeption zu denken und vorzustellen 29
Eine »Insel der Seligen« (Hesiod) 35
Anmerkungen 45

Wenn im August 1983 der Ökumenische Rat der Kirchen seine sechste Vollversammlung in Vancouver (Kanada) veranstalten wird (zuletzt 1975 in Nairobi/Kenia), dann sollen die Delegierten der Mitgliedskirchen erneut die Gelegenheit haben, »die Gemeinschaft der Christen in Christus in dieser Welt (zu) erfahren« und in der »Pilgerschaft von der Trennung zur Einheit« einen Schritt weiter zu kommen. Das große Ziel bleibt unverändert die »sichtbare Einheit in einem Glauben und der einen eucharistischen Gemeinschaft, die ihren Ausdruck im Gottesdienst und im gemeinsamen Leben in Christus findet« (Verfassung des ÖRK von 1975, Art. III). Auf dem Weg zu der erstrebten Einheit geht es um das gemeinsame Zeugnis an jedem Ort wie um den gemeinsamen Dienst am Menschen; notwendig ist eine Erneuerung der Kirchen.

Indessen gehen bislang die Meinungen noch immer auseinander, wie die »sichtbare Einheit« zu verstehen und konkret vorzustellen ist. Doch gemeinsam ist die Überzeugung, daß eine Vereinigung von Kirchen eine Einigung in Glauben und Kirchenverfassung voraussetzt und es nicht allein genügt, in praktischen Aufgaben (zwischenkirchliche Hilfe, Entwicklungsdienst, Menschenrechte usw.) zusammenzuarbeiten. Deshalb haben sich die Kirchen seit der ersten Weltkonferenz für Glauben und Kirchenverfassung (Lausanne 1927) darum gemüht, eine Übereinkunft in dem Verständnis von Taufe, Eucharistie und Amt zu formulieren. Nach mehr als einem halben Jahrhundert liegt jetzt ein Text über diese Themen vor, zu dem die *Kommission für Glauben und Kirchenverfassung* des Ökumenischen Rates auf ihrer Sitzung in *Lima* (Peru) vom 3. bis 15. Januar 1982 erklärte, er sei »für die Übermittlung an die Kirchen geeignet«. Es wird von den Kirchen erwartet, daß sie die einstimmig verabschiedete Konvergenzerklärung der Kommission über *Taufe, Eucharistie und Amt* prüfen und in einem »geistlichen Prozeß der Rezeption« fruchtbar zu machen suchen. Nach dem Dialog und der festgestellten Konvergenz soll nun die Phase der Rezeption beginnen, der nächste Schritt auf dem Weg zur sichtbaren Einheit der Kirche.[1]

In einem Vorwort zu dem Dokument bitten der Kommissions-Vorsitzende (Nikos Nissiotis) und der Direktor des Sekretariats für Glauben und Kirchenverfassung (William H. Lazareth) die Kirchen »um eine offizielle Stellungnahme zu diesem Text auf der höchsten hierfür zuständigen Ebene der Autorität«. Darin möchte die Kommission »möglichst genau erfahren«, inwieweit die Kirchen in der Vorlage »den Glauben der Kirche durch die Jahrhunderte erkennen« können, welche Folgerungen sie zu ziehen bereit sind und welche Hilfen für Leben und Zeugnis sie aus dem Text für sich selbst ableiten können. Ferner werden Vorschläge für die weitere Arbeit der Kommission erbeten.[2]

»Kairos« der ökumenischen Bewegung?

Mit ihrer Erklärung, die »einen bemerkenswerten Grad an Übereinstimmung« dokumentiert, sieht sich die Kommission nach jahrzehntelangem Studienprozeß an einem bedeutsamen Punkt angekommen. »Wir glauben, daß der Heilige Geist uns zu diesem Augenblick geführt hat, einem ›Kairos‹ der ökumenischen Bewegung... Wir meinen, daß viele bedeutsame Schritte möglich sind, wenn unsere Kirchen mutig und erfinderisch genug sind, Gottes Gabe der kirchlichen Einheit zu erfassen...« (Vorwort, 6). Um diese Selbsteinschätzung wie den Appell zum »geistlichen Prozeß der Rezeption« sachgemäß würdigen zu können, genügt nicht allein die Feststellung, daß die erklärte Konvergenz nun endlich den erhofften Wendepunkt anzeigt und den Kirchen es ermöglicht, der sichtbaren Einheit näher zu kommen. Jener, so bedeutsam erfahrene »Augenblick« wird als Moment einer bereits längeren Geschichte verstanden, für die er einen neuen Zeitabschnitt eröffnen will; gerade deshalb kann er nicht als gänzlich bedingungslos angesehen werden. Und die Erwartungen, die an diese augenblickliche Einsicht geknüpft werden, greifen über die unmittelbar Beteiligten hinaus und betreffen solche, die vielleicht einer anderen Konstellation unterliegen als die Autoren, und die darum der Kommissionsappell in gewisse Schwierigkeiten versetzt; dieser Umstand darf ebenfalls nicht übersehen werden. Die behauptete Qualität des Vorgangs und die Feststellung des Textes sind also hinsichtlich der geschichtlichen Gegebenheiten zu überprüfen, und zugleich ist danach zu fragen, wer den Text verfaßt hat und für wen er bestimmt ist. Die Berufung auf die Führung durch den Heiligen Geist schließt es nicht aus, die »erfüllte Zeit« (d.i. »kairos«) auch in der Perspektive irdischer Verhältnisse zu sehen und das vorgelegte Dokument im Zusammenhang anderer (weltlicher) »Realitäten« zu betrachten.

Zwei Umstände können u.a. hier von Belang sein: die Lima-Erklärung stellt das Verhandlungsergebnis einer Kommission dar, die von konfessionell und kontextuell unterschiedlich geprägten Theologen gebildet wird und die theoretische und praktische Probleme kirchlicher Einheit in mehreren Hinsichten und mit wechselnden Erfolgschancen bearbeitet. Außerdem richtet sie sich an einen bestimmten Adressatenkreis, der den Text annehmen und sich zu eigen machen soll, der dazu als qualifiziert angesehen wird, doch ziemlich heterogen erscheint, wenn man die verschiedenen Traditionen und Organisationsformen der angesprochenen Kirchen beachtet. Im ersten Fall, bezüglich der Autorenschaft des Dokuments interessiert, unter welchen Bedingungen die Erklärung zustande gekommen ist und welche Qualität sie besitzt, während im zweiten Fall, im Blick auf die Adressaten, die Nachfrage den Voraussetzungen gilt, unter welchen die gewünschte Rezeption des Textes als möglich gedacht werden kann.

Zum *ersten* ist zu bedenken, daß es sich um ein *theologisches* Studienergebnis von Experten handelt, die mit einer bestimmten *Methode* ausgewählte *Themen* auf ein erklärtes *Ziel* hin bearbeiteten. Darin liegt beschlossen, daß die vorliegende Erklärung nach Form und Inhalt zumindest als von vier Faktoren abhängig zu betrachten ist, d.h. von den Gesprächspartnern, der Arbeitsweise, der Themenauswahl und der Intention (als weitere Faktoren könnten noch hinzugenommen werden u.a. Tendenzen der ökumenischen Bewegung, die Rolle des Ökumenischen Rates, die zeitgenössische Situation).

Das so zustande gekommene theologische Produkt liegt auf einem hohen, anspruchsvollen *Niveau.* Ein dem Vorwort des Dokumentes angeschlossener Hinweis macht darauf aufmerksam. Er kündigt für »Normalleser«, »Dogmatiker und Liturgiker« und »Priester und Pfarrer« drei verschiedene Studien an, die »das Verständnis und die Verwendung des in diesem Text enthaltenen Materials erleichtern« sollen, und gibt damit zu erkennen, daß die Erklärung *personell* und *thematisch* eine gewisse *Exklusivität* beansprucht.

Der Hinweis auf die Qualität des Textes, die sich auf die genannten Faktoren zurückführen läßt, nimmt vorweg, was ein Vergleich mit dem ökumenischen Dialog auf anderen Ebenen offenkundig machen würde. So greifen zum Beispiel ökumenisch engagierte Laien verschiedener Konfession, wenn sie miteinander ins Gespräch kommen und zusammenwirken wollen, entsprechend ihren Interessen und eigenen Erfahrungen andere Themen und Objekte auf und suchen und finden eine demgemäße Übereinstimmung auf anderen Wegen als spezialisierte Theologen oder amtliche Kirchenvertreter.

In die Überlegung, die sich auf die Bedingungen und die Qualität des Textes bezieht, ist auch die Frage aufzunehmen, in welchem *Verhältnis* der *theologische Dialog* zu den ökumenischen *Dialogen auf anderen Ebenen* steht. Durch eine Verhältnisbestimmung lassen sich nämlich weitere Gesichtspunkte für die Beurteilung der Konvergenzerklärung gewinnen. Zwar ist die Bedeutung des Textes schon dadurch bestimmt, daß er von theologischen Experten erstellt wurde und auf hohem Niveau steht. Aber erst im Rahmen einer vergleichenden Betrachtung der verschiedenen Dialogebenen (Theologen, Kirchenleitung, Ortsgemeinde) kann der besondere Stellenwert des Dokumentes hinreichend aufgewiesen werden. Dabei ist nicht nur zu erfragen, welche *unterschiedlichen Bedingungen* für das ökumenische Gespräch auf den verschiedenen Ebenen bestehen, sondern auch, ob und inwieweit sie Verlauf und Ergebnisse des Dialogs beeinflussen. Es kann nicht ausgeschlossen werden, daß kirchenleitende Personen die Probleme kirchlicher Einheit mit anderen Vorgaben angehen und unter anderem Blickwinkel verhandeln als Kirchenmitglieder an einem Ort und Theologen wiederum noch einmal anders aufgrund der ihnen eigentümlichen Befähigung. Wenn dazu noch die Regionalisierung der Gesprächsebenen (z.B. Dialoge in USA, Europa, Asien oder Afrika), die konfessionelle Herkunft der Beteiligten und die jeweilige Konstellation (bi- oder multilateral) in Betracht gezogen werden, so vermehren sich die Bedingungen, von denen Dialoge beeinflußt werden können. Es war eine theologische Kommission, die das Lima-Dokument vorgelegt hat, regional unbegrenzt und multilateral zusammengesetzt, und sie beschäftigte sich mit bestimmten ausgewählten Themen, was sie insgesamt von andern

Kommissionen auf den verschiedenen Dialogebenen unterscheidet. Außer bei der Würdigung des Textes ist dieser Umstand auch für die Frage seiner Rezeption relevant.

Zum *zweiten* nötigt die inzwischen schon schlagwortartige Rede von Rezeption bzw. Rezeptionsprozeß zunächst zu der Nachfrage, was die Wortführer mit »Rezeption« meinen und unter einem solchen Vorgang sich vorstellen.[3] Indem sie die Rezeption »ökumenisch«, »geistlich« und »offiziell« nennen, müssen sie wohl an eine ziemlich komplexe Angelegenheit denken, an der mehrere Faktoren beteiligt sind. Alsdann sind Gegenstand und Subjekt zu bedenken.
Der *Gegenstand,* der rezipiert werden soll, ist der *Text* eines theologischen Studiendokumentes, das unter gewissen Bedingungen zustande gekommen ist (s. o.) und der Überprüfung bedarf. Die hierbei denkbare Feststellung von Fehlern und Mängeln oder eine Kritik müßte seine Rezeption bereits im Ansatz eingrenzen, be- oder auch verhindern. Als *Subjekt* der Rezeption werden pauschal die *»Kirchen«* und die »höchsten zuständigen *Autoritäten*« angesprochen, verbunden mit der Bitte, »dem *Volk Gottes* die größtmögliche Beteiligung zu ermöglichen«. Die summarische Anrede berücksichtigt einerseits zwar die faktisch bestehenden unterschiedlichen Kirchenstrukturen; andererseits aber beinhaltet sie ein ekklesiologisches Diktum, indem sie zwischen Kirchen/höchste Autoritäten und Volk Gottes bezüglich einer unmittelbaren und einer vermittelten, doch keineswegs selbstverständlichen Beteiligung am Rezeptionsprozeß differenziert. Damit wird eine das Rezeptionssubjekt betreffende Problematik aufgenommen, bei der die kirchliche Sozialgestalt in Frage steht und deren Lösung, die umstritten ist, über Beginn, Ausmaß und Erfolg einer Rezeption entscheidet, noch bevor über den Text selbst zu verhandeln ist.
Der angedeutete Sachverhalt führt zu der Einsicht: Die Möglichkeit eines wie auch immer vorgestellten komplexen Rezeptionsprozesses wird nicht bereits dadurch eröffnet, daß ein als geeignet deklarierter Text zur Verfügung steht, und die Kirchen/höchste Autoritäten an einen »konkreten Erweis ihrer ökumenischen Verpflichtungen« erinnert werden können; vielmehr geht ihr als *Bedingung* sowohl die Anerkennung des Gegenstandes als auch die Befähigung des Subjektes voraus. Neben Gegenstand und Subjekt sind hin-

sichtlich der Möglichkeit der Rezeption noch weitere Elemente zu beachten, weil Anerkennung wie Befähigung noch einmal als bedingt angesehen werden müssen durch die jeweilige Eigenart der verschiedenen Kirchentümer.
Während es bei dem Gegenstand der Rezeption, dem Text, auf den ersten Blick genügen mag, nach dem Kriterium zu fragen, an dem sich eine Überprüfung orientieren könnte, sind bezüglich des Subjektes eine Reihe von Bedingungen zu klären, von denen eine mögliche Rezeption abhängt. Freilich ist auch ein solches Kriterium selbst schon in diese Reihe zu stellen, sofern es sich nicht um mehrere und unterschiedliche Kriterien handeln kann (z.B. Schrift, Tradition, Dogma, Bekenntnis, Erfahrung), sondern auch die Option für ein Kriterium gewissen Präferenzen unterliegt, wie sie mit dem Subjekt gegeben sind (z.B. bevorzugt das römisch-katholische Lehramt andere Kriterien als eine reformierte Synode). Weiterhin gehört zu den Bedingungen, daß die angesprochenen Kirchen/höchste Autoritäten sich überhaupt auf den *Umgang mit einem Text* einlassen, der ihre unterschiedlichen Selbstverständnisse in den Fragen der Mitgliedschaft (Taufe), der gottesdienstlichen Gemeinschaft (Eucharistie) und des Amtes auf das Niveau einer Konvergenz bringt, und daß sie wenigstens für die Tendenz des Textes offen stehen. In diesem Zusammenhang besitzt die *Interessenlage* sowohl der Kirchen/höchste Autoritäten als auch des Kirchenvolkes ein besonderes Gewicht, weil ein eventuell vorhandenes, vielleicht stark ausgeprägtes und verbreitetes Bedürfnis nach konfessioneller Identität den Umgang mit dem Text zwar nicht ausschließt, aber doch beeinflussen und seiner Tendenz Grenzen ziehen kann. Eine Rolle spielen hierbei die jeweilige *innerkirchliche Situation* wie die *äußeren Verhältnisse.* Wenn Kirchenmitglieder den gesellschaftlichen Trends und Verhaltensweisen sich anpassen und kirchlichen Normen nicht mehr oder nur noch partiell folgen, dürften theologische Konvergenzerklärungen wenig Anklang finden, sofern sie überhaupt zur Kenntnis genommen werden. Sie müßten sich deutlich von der mangelnden Plausibilität sonstiger kirchlicher Aussagen abheben und die Problemlagen der Kirchenmitglieder aufgreifen. Darum sind *Inhalt und Sprache* des Textes von Belang. Annäherung in historischen Standpunkten und klassische theologische Formeln, die zu ihrem Verständnis zeitgemäßer Übersetzungen und

Kommentare bedürfen, sind kaum geeignet, von den Kirchen angenommen zu werden, wenn mit »Kirche« nicht bloß »höchste Autoritäten« gemeint sind, sondern auch das Kirchenvolk in den Ortsgemeinden, dem historische Kontroversen wie deren Sprache fremd sind und selbst bei moderner Übertragung weitgehend unverständlich bleiben. Nicht zuletzt zählen zu den gewichtigen Bedingungen die verschiedenen *Strukturen,* nach denen jeweils die kirchliche Sozialgestalt organisiert ist. In einem hierarchisch oder bürokratisch strukturierten Kirchenkörper werden die Amtsträger mit der Rezeption befaßt; der Prozeß ist an den Instanzenweg gebunden, verläuft von oben nach unten und kann durch Gesetz, Ordnung, Richtlinien oder Anweisungen verfügt werden. Liegt hingegen in einer sich von unten aufbauenden Kirchenorganisation die Kompetenz bei der Einzelgemeinde und ihren Gliedern, so unterliegt die Rezeption gänzlich anderen Bedingungen.

Die bisherigen Überlegungen beschränkten sich darauf, zunächst einmal Autorenschaft und Adressaten des Lima-Dokumentes generell in Betracht zu ziehen und nach Implikationen der Konvergenzerklärung wie nach Bedingungen für die Möglichkeit einer Rezeption zu fragen. Mit beiden Fragestellungen sollte auf Sachverhalte hingewiesen werden, die bei der Beurteilung des ökumenischen Gesprächs und der Wertung seiner Ergebnisse zu berücksichtigen sind und die den erwünschten Rezeptionsprozeß in erheblicher Weise tangieren, im konkreten Fall des Lima-Textes wie allgemein. Die Hinweise registrieren lediglich und begründen insgesamt vorerst nur die Notwendigkeit eines sachlich angemessenen Verfahrens, daneben auch das Fragezeichen hinter der Aussage vom »kairos«, der mit der Konvergenzerklärung behauptet wird. Weitergehend könnte jetzt noch gefragt werden, was es besagt und bedeutet, daß sich die Ökumenische Bewegung zu einem wesentlichen Teil in theologischen Lehrgesprächen und im Umgang mit entsprechenden Texten darstellt. Der Vorgang ist nicht ungewöhnlich. Er nimmt auf und setzt fort, was schon immer in der Geschichte der christlichen Kirchen eine Rolle spielte: die Auseinandersetzung über Lehre, Formeln, Texte, Interpretationen, Autoritäten, Kompetenzen usw. Gleichwohl überliefert die Kirchengeschichte auch Erfahrungen, welche Erwartungen mit Lehrgesprächen und ihren Ergebnissen verknüpft wurden, welchen Zweck sie erfüllen sollten und erfüllt haben, was der Umgang mit Texten bewirkt hat, was aus solchen Dokumenten geworden ist u.a.m. Es wäre gewiß lohnend, sich der kirchengeschichtlichen Erfahrungen zu erinnern und sie mit Blick auf den zeitgenössischen Vorgang zu bedenken. Indessen werden nachfolgend einige Gesichtspunkte ausgewählt und behandelt, die im Rahmen der beiden genannten Fragestellungen aufgeführt wurden und die Chancen des Rezeptionsprozesses schmälern können.

Die Partner der ökumenischen Dialoge

In der ersten Vorüberlegung wurde u.a. zu bedenken gegeben, daß das Verhältnis des theologischen Dialogs zu den ökumenischen Dialogen auf anderen Ebenen von Bedeutung sein kann für die Frage nach der Möglichkeit einer Rezeption des Lima-Textes. Es ist zweckmäßig, zunächst auf die verschiedenen Partner der ökumenischen Dialoge und auf ihre Rolle aufmerksam zu machen.

Die Einheit der Kirche, das gemeinsame Zeugnis und der gemeinsame Dienst – d.i. das ökumenische Thema – sind nicht allein ein Arbeitsfeld der *Theologen,* wenngleich es den Anschein hat, als müßten auf dem Weg zur Einheit zuerst die theologischen Hindernisse beseitigt werden. Parallel zum Dialog der theologischen Kommissionen findet ökumenisches Bemühen regional und lokal Form und Gestalt, wenn zum einen *Kirchenleitungen* in einem Land Kontakt-Kommissionen bilden, nationale Kirchenräte bzw. Ökumenische Räte konstituieren (in der BRD: Arbeitsgemeinschaft christlicher Kirchen, ACK) und ständige, die Ländergrenzen übergreifende Konferenzen einrichten, und wenn zum andern *Kirchengemeinden* an einem Ort gemeinsam Gottesdienste feiern, Bibel- und Gebetswochen veranstalten, Seminare und Tagungen durchführen und in seelsorgerlichen, diakonischen und sozialen Bereichen zusammenarbeiten. So finden interkonfessionelle Begegnungen und Gespräche auf drei Ebenen statt, für die weder Rangfolge noch Wertunterschiede gelten. Das mag so sein, weil christlicher Glaube in kirchlichen Institutionen als gesellschaftliche Organisation sich äußert, im Leben der Ortsgemeinden zu einem gemein-

schaftlichen Bewußtsein kommt und in der Theologie einen lehrhaften Ausdruck findet. Eine *Rollenverteilung* in den ökumenischen Beziehungen liegt somit nahe, und mit ihr ist die Chance gegeben, auf mehrfache Weise einem gemeinsamen Ziel näher zu kommen.
Durch die genannten Partner und ihre spezifischen Tätigkeiten auf den entsprechenden Ebenen werden die ökumenischen Beziehungen strukturiert. Dieser durchaus als angemessen zu betrachtende Sachverhalt ist freilich nicht unproblematisch. Denn zum einen (a) ist zu beobachten, daß binnenkirchliche Verhältnisse die Äquivalenz der Ebenen nicht gelten lassen und zwischen den Partnern Konkurrenz und Disharmonien entstehen, was die Struktur und den Fortgang der Einheitsbestrebungen belastet, und zum andern (b) findet das ökumenische Rollenspiel unter Bedingungen statt, die eine Krise im Alltag der Kirchen anzeigen, was nicht bloß für die Struktur der ökumenischen Beziehungen, sondern auch für deren Inhalt und Ziel von Bedeutung ist. Dazu zwei Hinweise:

a) Wenn sich in den zwischenkirchlichen Begegnungen und Gesprächen gleichsam eine Arbeitsteilung ergibt, so hat sie ihren Anhalt an der Struktur der kirchlichen Sozialgestalt, wie sie mit Gemeinde, Kirchenleitung und Theologie gegeben ist. Die Rollenverteilung auf dem ökumenischen Feld bekommt indessen unterschiedliche Gewichte, wenn die Struktur der Glaubenssozietät eine dogmatisch abgestützte Rangfolge beinhaltet. Bei der in einigen, vor allem in römisch-katholischen und orthodoxen Kirchen üblichen hierarchischen Abstufung, die dem Autoritätsgefälle Bischof/theologischer Lehrer/Laie entspricht, gewinnt die Rollenverteilung *konstitutive Bedeutung*. Einem evangelischen Kirchenverständnis ist die hierarchische Struktur nach römisch-katholischem Muster freilich nicht angemessen. Allerdings ist festzustellen, daß die evangelischen Kirchen weitgehend sich auf die römisch-katholische Vorgabe eingelassen und bürokratische Einrichtungen geschaffen haben, die einem hierarchischen System (oft »Amtskirche« genannt) nicht ganz und gar unähnlich sind. Damit kommt es auch ohne dogmatische Abstützung zu einer Differenzierung in der Rollenverteilung, bei der die Äquivalenz der verschiedenen Ebenen hinsichtlich eines gemeinsamen Zweckes nicht mehr gilt. Diesen Tatbestand setzt die Kommission für Glauben und Kirchenverfassung offensichtlich als allgemein voraus, indem sie sich mit ihrer Lima-Erklärung an übergeordnete Instanzen wendet und ihren Rezeptionswunsch unmittelbar den »höheren Autoritäten« vorträgt und eben nicht in der gleichen Weise den Kirchen, wie sie durch die Ortsgemeinden dargestellt werden. Es mag sein, daß die Autoren des Lima-Textes mit ihrer Ansprache eines bestimmten Adressatenkreises bloß binnenkirchliche Gegebenheiten respektieren wollen. Aber sie geraten hier doch unter den Verdacht, daß sie sich einem Rollenspiel hierarchischer Ordnung fügen, die ökumenisches Bemühen nach Zuständigkeit regelt. Doch wie dem auch sei, die Rollenverteilung wird problematisch, wenn sie mit Kompetenzen verbunden ist.

Das Problem verschärft sich, sobald in dem Rollenspiel Behauptungen und Ansprüche aufeinandertreffen und *Konkurrenz und Disharmonien* entstehen. Divergenzen treten auf, wenn Theologen aufgrund ihrer Erkenntnis unter Führung des Heiligen Geistes konfessionsübergreifende Einmütigkeit behaupten und dokumentieren (so in Lima), hingegen die »höchsten Autoritäten« kraft ihrer geistlichen Amtsgnade die Zeit noch nicht für erfüllt ansehen und ökumenische Fortschritte reglementieren (so die bisherige Erfahrung) und dessen ungeachtet in Lokalgemeinden dem biblischen Wort im Gebet um den Heiligen Geist unmittelbar und mehr Gehör geschenkt wird als den sonstigen Autoritäten (ob hier überall der Heilige Geist im Spiel ist oder eher ein Zeit-Geist, ist noch einmal eine andere Frage). Erst recht wird die Rollenverteilung im ökumenischen Dialog fragwürdig, wenn eine »Kirche von unten« (vgl. Kommunitäten, Basisgemeinden, transkonfessionelle Bewegungen) in charismatischer Art gemeinsames christliches Zeugnis und gemeinsamen Dienst verwirklicht und gegen »Kirche von oben« ökumenische Gestalt zu gewinnen sucht, während die Theologen in den Studierstuben sich um die historischen Kontroversen kümmern und die kirchlichen Autoritäten in den Amtsstuben auf ihre Zuständigkeit nach dem Gesetz pochen. Bei dieser Ausgangslage wären Objekt und Subjekt der Rezeption wie auch der Rezeptionsprozeß gänzlich anders zu denken als in der bisher gewohnten Vorstellung. Indessen mag es vorerst genügen festzustellen, daß die Rollenverteilung im ökumenischen Dialog zwar naheliegend und sachgemäß erscheint, aber Strukturprobleme aufwirft, indem sie mit Rangfolge und Wertigkeiten verbunden wird und einer hierarchischen Struktur folgt. Der Fortgang der Einheitsbestrebungen wird davon belastet.

b) Die Partner, die sich auf dem ökumenischen Feld begegnen, gehen – so darf unterstellt werden – in ihrem kirchlichen Alltag auf den verschiedenen Ebenen spezifischen Tätigkeiten nach, die als gesellschaftliche Organisation, geistliche Kommunikation und theologische Reflexion beschrieben werden können. Sie sind an dem gemeinsamen Zweck der Glaubenssozietät orientiert und dienen der Absicherung, der Vermittlung und der Auslegung der christlichen Botschaft. Solche Tätigkeiten, die wesentlich die Existenz und das Leben der Kirchen in dieser Welt bestimmen, genügen nicht sich selbst, sondern jede hat ihren Sinn nur aus der Beziehung zu den anderen. So ist die Kirche als Institution ohne die Kommunikation und die theologische Reflexion ihrer Glieder eine leere Hülse. Oder anders: Das Miteinander und Handeln der Gläubigen bedarf der Glaubenssozietät und des prüfenden, vergleichenden Nachdenkens der Erfahrungen, Gedanken, Handlungen. Und noch einmal gewendet: Die theologischen Überlegungen und Konzepte bleiben steril, wenn die geistliche Kommunikation und die organisierte Sozialbeziehung übersehen werden. Sobald in diesem Beziehungsverhältnis das eine oder andere Element ausbricht und so seinen Sinn verliert, sich mit Bedürfnissen und Interessen anderer Art amalgamiert und das Zusammenwirken mangelhaft wird, kündigen sich Krisen an. In unserem Land – aber auch anderswo – leidet der Alltag des christlichen Lebens darunter, daß die inneren Beziehungsverhältnisse gestört sind. Die *Theologie* gibt dem Sog säkularer Moden nach und steht einem Pluralismus offen, der hier und da Irritationen und kognitive Dissonanzen bewirkt und einem Christ-sein außerhalb der Kirchen die Wege bereitet. Im *Kirchenvolk* verkümmern kirchliche Bindung und geistliche Kommunikation, geht die Einheit von individueller Frömmigkeit und institutionalisierter Glaubensgemeinschaft verloren und werden Normen und Werte nur insoweit akzeptiert und gelebt, als sie sich der eigenen Überzeugung und Lebensgestaltung einfügen lassen. In den *Institu-*

tionen und Kirchenamtsstuben dominieren kirchenpolitische und juristische Fragen und ein gesellschaftspolitischer Öffentlichkeitsauftrag, besteht nachhaltiges Interesse an konfessioneller Identität und bürokratischer Organisation und wird der Beweis des Geistes und der Kraft mit amtlichen Appellen in »Denkschriften« und »Worten« und mit der Sicherung eines Formal-Konsenses erbracht. Die krisenhaften Erscheinungen, gelegentlich als »Bewußtseinsstörungen« diagnostiziert, mögen angesichts der Situation einer modernen Gesellschaft und auf dem Hintergrund zeitgenössischer Trends verständlich erscheinen. Gleichwohl bleibt die Feststellung, daß Theologie, Kirchenvolk und Institution je eigentümlich geworden sind, ihre Wege sich zwar oftmals kreuzen, aber nicht so recht zusammenlaufen.
Die hier nur knapp angedeutete Situation ist zuerst ein binnenkirchliches Problem, mit dem jede Kirche (vornehmlich die sogenannte Volkskirche) auf ihre Art zurechtkommen muß, doch zugleich tangiert sie die ökumenischen Beziehungen in einer bedeutsamen, ja fatalen Weise. Zum einen ist die *Struktur* der zwischenkirchlichen Begegnungen betroffen. Das Rollenspiel zerfällt nicht erst bei Konkurrenz und Disharmonien der Partner (s. oben) in Einzel- und Selbstdarstellungen. Die ökumenischen Aktivitäten auf den verschiedenen Ebenen bleiben ebenfalls auf sich selbst verwiesen und somit irrelevant, wenn es an einer Übereinstimmung von theologischer Behauptung und kirchlicher Wirklichkeit mangelt, kirchenamtliche Selbsteinschätzung und Anspruch vom alltäglichen Verhalten der Mitglieder desavouiert werden und örtliches Engagement in Zirkeln abläuft und Experimentiercharakter besitzt. Zum andern aber verblassen der *Inhalt* des ökumenischen Themas und das angestrebte Ziel. Wenn in der Theologie sich mancherlei Zeitgeister einnisten, im Kirchenvolk der Lebensvollzug sich im Rahmen von Angebot und Nachfrage individualisiert und in den Institutionen die Selbstbehauptung im säkularen Kontext den Geschäftsgang bestimmt, dann fehlt es an jeglicher Voraussetzung für ein gemeinsames Verständnis des christlichen Glaubens, für die gemeinschaftliche Verwirklichung der Einheit und die Aufhebung von Konfessionsgrenzen. Nur in der Illusion können versöhnte Verschiedenheit und konziliare Gemeinschaft als ökumenische Zielvorstellung bestehen. Die Idee einer Einheit der Kirche schwebt wie der Geist

über den Wassern, doch das feste Land kommt trotz aller Beschwörung nicht in Sicht. Allenfalls mögen partiell und für einen begrenzten Zweck gemeinsames Zeugnis und gemeinsamer Dienst gelingen, sobald im konkreten Fall die unterschiedlichen Interessen und Bedürfnisse dem Druck von Umweltverhältnissen unterliegen und praktische Erwägungen ein Bündnis, eine Union, eine Übereinkunft oder Absprachen nahelegen. Auch für die Begegnung einzelner und kleiner Gruppen, abseits und ungeachtet alltäglicher Wirklichkeit, kann die Rede von geschenkter Einheit der Kirche ihren Sinn behalten. Doch für die Kirchen insgesamt gelten weder die Bedingungen eines Laboratoriums noch solche des einen oder anderen Notstandes. Die allgemeineren Verhältnisse indessen, auf die das alle einschließende Einheitsbemühen Bedacht nehmen muß, behindern die ökumenische Intention.

Die Rollenverteilung im ökumenischen Dialog ist, wie die beiden Hinweise zeigen sollten, sachlich begründet, doch unter den gegebenen Verhältnissen problematisch. Die faktische Disparität der Partner auf den verschiedenen Ebenen einerseits und die divergierenden Tendenzen in der heutigen Christenheit andererseits schaffen Bedingungen, die das Bemühen um die Einheit der Kirche teils erschweren, teils illusorisch machen. Diese Konstellation schließt Spekulationen nicht aus und läßt Versuchsmodelle zu, d.h. theologische Konvergenzen, zwischenkirchliche Organe und Verlautbarungen und Lokalökumene. Aber sie begründet weder ökumenische Hoffnung, noch ermöglicht sie eine Bewegung, welche die Christenheit als Ganze, d.h. alle Getauften, erfaßt. Damit fehlt das Vehikel für eine »ökumenische Rezeption«, sofern sie Aneignung und lebendige Verwirklichung meint und nicht allein auf Experten und Autoritäten zielt.

Testfälle des ökumenischen Dialogs

Neben den Partnern des ökumenischen Dialogs und ihrer Rolle, ihren Beziehungen zueinander und den Bedingungen, unter denen sie agieren, ist der Vorgang des Dialogs, seine Thematik und seine Ergebnisse, auf den verschiedenen Ebenen in die Überlegung aufzunehmen. An den Konkretionen muß sich zeigen, was ökumenischer Dialog und zwischenkirchliche Beziehung leisten können und im Blick auf das ökumenische Thema tatsächlich leisten. Dabei ist darauf zu achten, ob und inwieweit die Problematik, die der Rollenverteilung anhaftet, und die Verhältnisse, die für das Rollenspiel relevant sind, die Themen des Dialogs mitbestimmen. Die Fragehinsicht bleibt aber auch hier die Möglichkeit »ökumenischer Rezeption«. Bei den Konkretionen müssen Beispiele genügen, die für die jeweilige Ebene des ökumenischen Dialogs bezeichnend sind.

a) Das erste Beispiel betrifft die *ökumenische theologische Studienarbeit,* wie sie von der Kommission für Glauben und Kirchenverfassung des Ökumenischen Rates und ähnlich auch in anderen zwischenkirchlichen Theologen-Kommissionen betrieben wird. Das Arbeitsprogramm umfaßt das konfessionell unterschiedliche Verständnis von Taufe, Eucharistie und Amt als die theologischen Zentralthemen, Studien zum gemeinsamen Aussprechen des apostolischen Glaubens, Berichte über Unionsbewegungen u. ä., und führt Projekte auf, die sich mit Fragen und Problemfeldern innerhalb der menschlichen Gemeinschaft (Rassismus, Menschenrechte, Wettrüsten, Verhältnis von Mann und Frau, Chancengleichheit der Frauen) befassen. Die thematische Spannweite dieses Programms läßt erkennen, daß die theologischen Bemühungen um die Einheit der Kirche in einer Beziehung zwischen Kirche und Menschheit gesehen und die großen Probleme wirtschaftlicher, sozialer und politischer Gerechtigkeit als Fragen an die Kirchen, ja sogar als Fragen der Menschen in den Kirchen aufgegriffen werden. Man möchte meinen, daß mit diesem Programm die festgestellte Differenzierung und das unvermittelte Nebeneinander im ökumenischen Rollenspiel durchbrochen ist. Indessen verhilft der jüngste Arbeitsbericht der Kommission auf der Lima-Konferenz (Januar 1982) zu einer anderen Einsicht.[4] Die ökumenischen Arbeitsvorhaben unterliegen gewissen *Einschränkungen,* die teils durch die kontextuelle Bindung der beteiligten Theologen, teils durch die Aufgabenteilung und die Zielsetzung der Kommission bedingt sind.
Zum einen stellt der Bericht fest, daß zwar die »zunehmende Dringlichkeit« der *Menschheitsthemen* allgemein anerkannt wird, die entsprechenden Studien aber »nach wie vor auf Widerstand« stoßen und jahrzehntelange kontroverse De-

batten eine Einigung nicht erwarten lassen. So begegnet die traditionelle Theologie den Reflexionen lateinamerikanischer Vertreter einer Theologie der Befreiung über die Situation der Armut und Ungerechtigkeit in der Welt mit Zurückhaltung und Kritik. Ob und in welcher Weise der sog. »Kontext«, d.h. die sozialen, politischen, rassischen, kulturellen, ökologischen Verhältnisse und Probleme, und die christliche Überlieferung (was immer damit auch gemeint sein mag) aufeinander zu beziehen sind, das bleibt offen und kontrovers, eine allzu schwierige Aufgabe, bei der sich »echte Aporien« zeigen.[5] Indem hier ein sakramentales und ein weltorientiertes Heils- und Kirchenverständnis geradezu alternativ gegenüberstehen, wird es offenkundig, daß Theologie im ökumenischen Rahmen nur durch den Filter der konfessionellen Herkunft bzw. Tradition und der kontextuell und situationsgebundenen Erfahrung betrieben werden kann und damit ihre Grenzen findet. Es darf aber bezweifelt werden, ob solche Theologie den Namen »ökumenisch« verdient und ihren Zweck erfüllt, gemeinsames Zeugnis und gemeinsamen Dienst zu reflektieren, wenn sie das Verständnis von Heil, Erlösung und Einheit der Kirche abseits von den konkreten Lebensumständen der Menschen und Gemeinden gewinnen will, wenn die einen sich auf das überlieferte Glaubensgut und des Geistes Vergangenheit beschränken und die anderen von ihrem Kontext und des Geistes Gegenwart her denken und wenn es nicht gelingt, die beiden Ansätze zu vermitteln. Bei dieser Sachlage wird die Frage nach »ökumenischer Rezeption« unsinnig, weil hier nichts ist, was als gemeinsam anerkannt werden könnte.

Zum zweiten ist auch dort eine Einschränkung zu bemerken, wo die Kommission mit ihrer Arbeit sich auf dem »klassischen« Feld der Theologie betätigt und mit ihrer Konvergenzerklärung Einmütigkeit demonstriert. Als Ziel der Einheitsbestrebungen steht ein gemeinsames Bekennen des christlichen Glaubens und die Gemeinschaft (communio) aller Christen vor Augen. Darum könnte man erwarten, daß eine ökumenische Theologie sich der Botschaft Jesu zuwendet, die das Bekenntnis der Betroffenen und ihre Gemeinschaft provozierte und dies auch heute noch zu tun vermag, wenngleich unter anderen Umständen und deshalb vielleicht mit anderen Akzenten. Indessen wird auf geschichtlich bedingte Traditionsstücke zurückgegriffen.

Bezüglich des *Bekenntnisses* orientiert sich die ökumenische Studienarbeit an dem nicäno-konstantinopolitanischen Glaubensbekenntnis aus dem Jahr 381, das dem griechisch-metaphysischen Denken seiner Zeit entspricht, aber trotzdem heute noch als Maßstab gelten soll bei der Auslegung des apostolischen Glaubens für die gegenwärtige Situation. Alle Kirchen auf dieses alte und unzeitgemäße Bekenntnis zu verpflichten, wie es die Absicht ist, müßte es angesichts der zeitgenössischen Fragen der Christen und der unterschiedlichen Bedingungen in den verschiedenen Gesellschaften und Kulturen zu einer Leerformel machen, was es damals nicht war und was seine Verfasser heute diffamiert.
Bezüglich der *Gemeinschaft* werden mit »Taufe, Eucharistie und Amt« solche Themen aufgenommen, die für die Kirchen als Institution, weniger für den Alltag des christlichen Lebens, den Rang von Legitimationsmerkmalen besitzen und deshalb besondere Beachtung verdienen. Alle in diesem Zusammenhang behandelten und bis heute diskutierten Fragen – angefangen von der Frage der Taufe mit und ohne Wasser, des Taufalters, der Geistmitteilung, über Probleme der Eucharistie, der Verwendung dieser oder jener »Elemente«, bis hin zu der Begründung eines dreigestuften Amtes und der Qualität einer bischofslosen Kirche – dies alles sind keine aus dem Evangelium Jesu Christi kommenden Fragestellungen, auf das sich christlicher Glaube sachgemäß allein beziehen müßte. Vielmehr sind sie entstanden aus dem Werden und Gewordensein der Sozialgestalt des Glaubens unter verschiedenen weltlichen Bedingungen, und sie beziehen sich auf die Interessenlage von Kirchen, die durch Reglement für Mitgliedschaft, Gemeinschaft und Amtsfunktionen ihre dauerhafte Existenz sichern wollen. Als solche müßten sie eigentlich qualifiziert und behandelt werden.
Wenn aber – so ist aufgrund des Kommissionsberichtes festzuhalten – ökumenische Theologie (a) dem institutionellen Bereich Vorrang einräumt, (b) das alte Bekenntnis nicht sein läßt, was es ist, und daneben noch (c) um eine »gemeinsame Haltung in Fragen der Lehre und Entscheidungsfindung« besorgt ist, darin die »drei grundlegenden Bedingungen« zur Verwirklichung der Einheit erkennt,[6] dann wird die Idee einer Einheit der Kirche verniedlicht und trotz allem theologischen Beiwerk in ein bloßes Organisations-Konzept umgesetzt, das den zuständigen Instanzen angeboten ist und auf

das sich die »höchsten Autoritäten« einlassen können oder auch nicht. Der Bericht bestätigt, daß ökumenische theologische Studienarbeit eine Dienstleistung zugunsten kirchlicher Amtsorgane ist, und daß die Theologen der ihr in einer hierarchisch strukturierten Ökumene zugewiesenen Rolle durchaus gerecht werden. Ob das Bemühen um Konvergenz auf dem Umweg über die zuständigen Instanzen und mit Hilfe von Studienmaterial für »Normalleser« auch Anklang beim Kirchenvolk findet, kann aus den schon genannten Gründen mit Fug und Recht in Frage gestellt werden. Jedenfalls tritt mit der Konzentration auf die »internen« Probleme die Einsicht in die »wechselseitigen Beziehungen« zwischen den beiden Arbeitsschwerpunkten der Kommission (»Kirche« und »menschliche Gemeinschaft«) so weit zurück, daß die Äquivalenz der Ebenen verfällt und der Wert der Konvergenz beschränkt bleibt. Auf diesen Sachverhalt fällt noch dadurch ein besonderes Licht, daß die Kommissionsmitglieder am Ende ihrer Tagung nicht in der Lage waren, der einmütig festgestellten Konvergenz durch eine gemeinsame Eucharistiefeier Ausdruck zu verleihen. Solche Zurückhaltung und – vermutlich – der Respekt vor den »höchsten Autoritäten«, die erst ihr Placet geben müssen, wie die inhaltliche Begrenzung der Thematik sind für die Frage der Rezeption nur in negativer Hinsicht relevant, sofern deren Subjekt die Christenheit sein soll.

b) Das zweite Beispiel betrifft das *zwischenkirchliche Gespräch kirchenleitender Amtsträger.* Es findet in den Kontaktkommissionen statt, die in der BRD von der Deutschen Bischofskonferenz und dem Rat der EKD und von einzelnen Landeskirchen und Diözesen gebildet werden, und seit dem Papstbesuch im Herbst 1980 in einer Gemeinsamen Ökumenischen Kommission höherer Amtsträger beider Kirchen. Die generelle Aufgabe ist der geduldige und in die Zukunft weisende Dialog. Das gleiche gilt für jene Kommission, die vor rund vier Jahren vom Rat der Europäischen Bischofskonferenz und der Konferenz Europäischer Kirchen eingesetzt wurde. Daß sich Bischöfe und Kirchenführer in den verschiedenen Regionen zu ökumenischen Gesprächen zusammenfinden, ist in Rücksicht auf das Gegen- und Nebeneinander früherer Zeiten als ein bedeutsamer Vorgang zu werten. Blickt man hingegen auf das Ergebnis solcher jahrelangen Gespräche und fragt danach, was sie konkret für die jeweiligen Kirchen, für Glauben und Leben derer, die Christen heißen, erbracht haben, so bleibt – wie oft genug bemerkt – der Eindruck, daß die Kirchenleitungen der beiden Konfessionen sich mit allgemein gehaltenen Absichtserklärungen begnügen, in Einmütigkeit bestehende Gemeinsamkeiten und anhaltend Trennendes beschreiben, zuvorkommend miteinander umgehen und ansonsten in diesem institutionalisierten Dialog Ökumene von oben verwalten. Dazu ein paar Hinweise:

Von den beiden Verlautbarungen, welche die *Europäische Kommission* 1978 und 1981 vorlegte, erschöpft sich die erste darin, daß sie allgemein an die christliche Pflicht erinnert, eine volle Kirchengemeinschaft herzustellen und für den Frieden in Europa einzutreten, und die zweite, daß sie die Hoffnung auf ein gemeinsames Zeugnis der Christen für außerordentlich bedeutsam hält und die Freude über das persönliche Kennenlernen der Amtsträger ausdrückt. In beiden Erklärungen wird die gemeinsame Tradition eines christlichen Abendlandes beschworen, und unverkennbar ist das Interesse, in den gegenwärtigen politischen Auseinandersetzungen mitreden zu wollen.

Das gemeinsame Interesse an politischen Verhältnissen und Entwicklungen findet sich auch in der Verlautbarung, welche die *Deutsche Bischofskonferenz* und der *Rat der EKD* 1979 unter dem Titel »Grundwerte und Gottes Gebot« publizierten. Orientiert an der überlieferten Tradition und dem Öffentlichkeitsauftrag der Kirche wenden sich die beiden kirchlichen Instanzen gegen den eingetretenen Wandel der sittlichen Normen und Werte und mahnen die unbedingte Geltung der zehn Gebote an. Indessen greift ein zweites Dokument das Problem der sog. Mischehen auf, eine alte konfessionelle Streitfrage, von der ein Großteil der Kirchenmitglieder betroffen ist. In den »Gemeinsamen Empfehlungen für die Seelsorge an konfessionsverschiedenen Ehen« (Dez. 1981) werden die theologischen und rechtlichen Probleme freilich nicht gelöst. Die konfessionell bestimmten Positionen bleiben erhalten, wie das die konkreten Anweisungen zeigen. Gleichwohl kann man dieses Dokument in gewisser Hinsicht für bedeutsam halten, als hier gemeinsam deklariert wird, wo die Grenzen des ökumenisch Machbaren liegen. Die Behauptung konfessioneller Identität, wie sie sich institutionell und damit rechtlich ausdrückt, in Vorschriften und Lebensordnungen, läßt wenig Spielraum für ökumenische Initiativen und Innovationen.

Die Neigung »höchster Autoritäten«, sich möglichst solchen Themen im zwischenkirchlichen Gespräch zuzuwenden, die der gemeinsamen Interessenlage angesichts gewisser Erosionserscheinungen entsprechen, dokumentiert auch die *Gemeinsame Ökumenische Kommission,* obgleich sie mit der öffentlich verbreiteten Hoffnung installiert wurde, daß sie gegen konkrete Hindernisse einer ökumenischen Annäherung angehen würde. Zum einen brachte die Kommission eine Erklärung zu dem allgemeinchristlichen Bekenntnis von 381, dem Nicaeno-Konstantinopolitanum zustande, um einmütig zu demonstrieren, was die Christenheit über alle Zeiten hinweg in der Tiefe – um nicht zu sagen: abstrakt – verbindet oder verbinden sollte. Zum anderen sprach sie in einem weiteren Votum ein kirchenamtliches »Ja zur Ehe« aus im Blick auf die wachsende Neigung, auf kirchliche oder auf förmliche Eheschließung überhaupt zu verzichten. Das eigentliche Thema, nämlich das kontroverse Eheverständnis wird zwar erwähnt, aber nicht behandelt. Es dominiert die gemeinsame Sorge, daß die heranwachsende Generation die traditionellen Wege verläßt, sich von der Kirche distanziert und schließlich auswandert, was die Kirchen, gleich welcher Konfession, als Körperschaft öffentlichen Rechtes und gesellschaftlich relevante Institution in mancherlei Schwierigkeiten zu bringen vermag.

Diese Hinweise mögen genügen, um das Rollenspiel auf der Ebene der offiziellen ökumenischen Dialoge zu kennzeichnen. Es wird deutlich, wo das Interesse der kirchlichen Instanzen liegt, was sie auf dem ökumenischen Feld zu leisten vermögen, und wie begrenzt die Gemeinsamkeit ist. Ein Vergleich mit dem Konzept »friedlicher Koexistenz« im politischen Bereich legt sich hier nahe. Doch für die Autoren des Lima-Textes sind die Kirchenleitungen die direkten und richtigen Adressaten; von ihnen wird eine amtliche Stellungnahme zur Einleitung des Rezeptionsprozesses erbeten und die erwünschte »größtmögliche Beteiligung« des Volkes Gottes an der Rezeption kraft ihrer Zuständigkeit erwartet. Aufgrund der bisherigen offiziellen Gespräche und Ergebnisse bestehen freilich begründete Zweifel, ob die Hoffnung der Lima-Kommission »auf bedeutsame Schritte« berechtigt ist, wenn zu den Bedingungen für die Möglichkeit einer Rezeption neben der Anerkennung des Gegenstandes auch die Befähigung des Subjektes gehört (vgl. S. 11f).

c) Das dritte Beispiel betrifft die *Lokalökumene,* von der gelegentlich behauptet wird, hier sei Ökumene schon weiter entwickelt als auf den beiden anderen Ebenen. In einem großangelegten Studienprojekt »Ökumene am Ort«, das sich auf ausführliche Situationsberichte aus verschiedenen, vorwiegend europäischen Ländern und mehrere Konsultationen stützte, hat das Straßburger Institut für ökumenische Forschung des Lutherischen Weltbundes die ökumenische Entwicklung an der Basis untersucht.[7] Die Studie weist aus, daß »die ökumenischen Bemühungen auf der lokalen Ebene keine zentrale Bedeutung« besitzen, »oft eine Nebenbeschäftigung« unter anderem darstellen. »Die meisten Ortsgemeinden scheinen nicht an der Trennung zu leiden und sind daher ökumenisch kaum motiviert.« Wenn es hier und da zu zwischenkirchlichen Begegnungen und Gesprächen kommt, so geht die Initiative von einzelnen aus (Pfarrer, Priester, Kirchenvorsteher, Religionslehrer), aber »nur wenige dieser Impulse dringen auf die unterste lokale Ebene durch«. Wo sich ökumenische Basisgruppen gebildet haben, wirken sie »mit geringem Erfolg«; ohne Beziehung zu den kirchlichen Institutionen bleiben sie oft anonym. Für den Mangel an ökumenischen Verbindungen auf Ortsebene wie für deren Behinderung sind vielfach die Ortsgeistlichen verantwortlich, zugleich auch andere kirchliche Instanzen, wo sich »die Bürokratisierung der kirchlichen Apparate« auswirkt.
Die Studie macht weiterhin deutlich, daß die theologischen Lehrfragen bei den Bemühungen um Einheit am Ort »eine sekundäre Rolle« spielen und den interkonfessionellen Dialogergebnissen der Theologen kaum Beachtung geschenkt wird. Zwar besteht ein Interesse für die Lehren der Partnerkirche, aber Lehrunterschiede werden »nicht als unbedingt kirchentrennend empfunden, da man auch innerhalb der eigenen kirchlichen Familie nicht immer Lehrübereinstimmung vorweisen kann«. Wenn Unterschiede klar hervortreten (z.B. sozialethische Fragen, Papsttum, liturgische Praxis), so geht die Trennungslinie oft quer durch die Konfessionen. Ein wichtiges Problem, wenngleich nicht als Lehr-

frage verstanden, entsteht bei dem Wunsch nach gemeinsamer Abendmahlsfeier. Die verschiedenen Lösungen treffen auf den Widerspruch der Kirchenleitungen, der lehrmäßig begründet an den Anliegen der Ortsgemeinden vorbeigeht. Während die theologischen Lehrfragen bedeutungslos bleiben, spielen sogenannte nicht-lehrmäßige Faktoren »eine entscheidende Rolle«. Zum einen sind die Konfessionen am Ort oft identisch mit ethnisch, kulturell, sprachlich, soziologisch, wirtschaftlich oder politisch verschiedenen Gruppen. Auflockerung oder Verhärtung solcher Grenzen entscheiden über Erfolg oder Mißerfolg ökumenischen Bemühens. Zum andern sind politische und soziale Fragen und neu entstandene gesellschaftliche Identitäten ausschlaggebend für ökumenische Aktionen. Der gemeinsame Einsatz für Flüchtlinge, Drogensüchtige usw. verbindet, ebenso das gemeinsame Dorf- oder Vereinsfest, wobei man Bekenntnisse, Dogmen, Lehren der Konfessionen, sofern sie überhaupt bekannt sind oder zur Kenntnis genommen werden, auf sich beruhen läßt. Zum dritten ist zu beobachten, daß antikirchliche Haltungen in einer Gesellschaft oder wirtschaftliche und politische Notstände in einem Land kaum Anlaß sind für eine Annäherung von Kirchen und Gemeinden, vielmehr dazu führen, »daß jede Kirche sich auf sich selbst zurückzieht und im Alleingang versucht zu überleben«. Geschichtliche Erfahrungen, tief eingeprägt im Bewußtsein der Menschen, liefern dafür die Begründung. Unter solchen Bedingungen irdischer Realität erscheint Ökumene als abständig.
Nach den Theologen und Kirchenleitungen führt das dritte Beispiel die Ebene der Gemeinden am Ort vor, die nach der Vorstellung der Lima-Autoren auf dem Umweg über die »höchsten Autoritäten« und im Hinblick auf eine »möglichst breite Beteiligung des Volkes Gottes« in den Rezeptionsprozeß einbezogen werden sollen. Während die Ebene der interkonfessionellen theologischen Kommissionen Ort und Gelegenheit bietet, die überlieferten Kontroversfragen zu diskutieren und sich darüber zu verständigen, was aufgrund theologischer Einsichten der Experten als gemeinsamer Nenner im Blick auf eine Annäherung der Kirchen dienen könnte, bilden die Zusammenkünfte der kirchenleitenden Amtsträger den Rahmen zum persönlichen Kennenlernen und diplomatischem Gedankenaustausch der Repräsentanten, bei dem die eigene Position im Respekt vor der ande-

ren dargelegt und Gemeinsamkeit konstatiert und ausgesprochen werden kann, sofern sie der beidseitigen Interessenlage, innerkirchlich und kirchenpolitisch, entspricht und keine, den Bestand der eigenen konfessionellen Identität einschränkenden Konkretionen verlangt. Hier wie dort handelt es sich um exklusive, »geschlossene Gesellschaften« sowohl hinsichtlich der beteiligten Personen (beauftragte Spezialisten, kirchliche Würdenträger) als auch bezüglich der verhandelten Themen (Versöhnung historischer Streitpunkte, Struktur- und Legitimationsfragen), auch wenn sie »als häufig kontextuell und gegenwartsbezogen« ausgegeben werden; für beides ist die Sprache verräterisch. Die dritte Ebene hingegen, die Gemeinden am Ort, scheint ihrer Natur nach umfassender zu sein. Gleichwohl ist auch hier eine gewisse Exklusivität festzustellen. Die ökumenischen Aktivitäten bleiben nicht nur auf kleine Gruppen innerhalb oder neben der Ortsgemeinde beschränkt, auch sachlich sind Grenzen gezogen: Die theologischen Lehrfragen werden weitgehend ausgeblendet und die ökumenische Initiative konzentriert sich auf bestimmte Aktionen im kirchlichen oder im politischen bzw. sozialen Bereich (Abendmahl/Gottesdienst, Notstände, Geselligkeit), und gelegentlich fehlt überhaupt Ökumene als Motiv.
An diesen Testfällen des ökumenischen Dialogs ist abzulesen, daß das Bemühen um Einheit der Kirche, gemeinsames Zeugnis und gemeinsamer Dienst, gleichsam unter Laborbedingungen stattfindet, wobei auf jeder Ebene andere Interessen bestehen und eine andere Versuchsanordnung praktiziert wird. Die Laboratorien sind dadurch qualifiziert, daß sie sich gegenüber der säkularen Wirklichkeit, in der die Kirchen existieren, wie gegenüber dem Alltag christlichen Lebens, der die erwähnten Krisen und Bewußtseinsstörungen einschließt, abkapseln. In jedem dieser Laboratorien wird Ökumene als ein für die jeweiligen Personen spezifisches Rollenspiel betrieben und zeigt ein anderes Profil. Die in den Laboratorien erzeugten Modelle können bewundert und gelobt, kritisiert und verbessert und auf Weltkonferenzen vorgeführt und angeboten werden, doch bislang besteht wenig Anlaß zu der Vermutung, daß sie von der Christenheit insgesamt aufgegriffen werden und unter den härteren Verhältnissen der Außenwelt lebensfähig sein könnten. Dieser Umstand ist der aufgezeigten konstitutiven Bedeutung

der Rollenverteilung auf dem ökumenischen Feld und den gestörten innerkirchlichen Beziehungsverhältnissen mit ihren Ursachen zu verdanken (vgl. S. 14ff). Wenn heute oft von Stagnation und Resignation bezüglich der Einheit der Kirche oder des ökumenischen Gedankens die Rede ist und der mangelhafte Fortgang der Einheitsbestrebungen beklagt, bedauert oder kritisiert wird, so muß auf diesen Sachverhalt verwiesen werden. Hier liegen die Gründe für die Problematik der ökumenischen Bewegung, deren »größter Fortschritt« bisher darin besteht, wie ein Kommentator zutreffend bemerkte, daß Spezialisten, Würdenträger und interessierte »Normalleser« auf verschiedenen und getrennten Ebenen sich begegnen und miteinander sprechen und gelegentlich auch agieren. Ob unter solchen Bedingungen »ökumenische Rezeption« eine Chance besitzt und überhaupt sinnvoll zu denken ist, muß eine offene Frage bleiben.

Ein Versuch, Rezeption zu denken und vorzustellen

Die bisherigen Überlegungen haben begründet Zweifel an der Möglichkeit einer »ökumenischen Rezeption« angemeldet. Indessen kann die Frage der Rezeption unter einem Blickwinkel verhandelt werden, der in der Vision wachsender christlicher Gemeinschaft die Dialogergebnisse als Schritt auf dem Weg zur sichtbaren Einheit der Kirche wertet und ihre Verwirklichung in den einzelnen Kirchen als einen zielstrebigen geistlichen Lebensvorgang zur Fülle Christi hin begreift. Als Beispiel für diese Sicht des Problems, das als Kernfrage der ökumenischen Bewegung bewußt geworden ist und dem eine erhebliche kirchengeschichtliche Bedeutung beigemessen wird,[8] soll der Bericht des Dritten Forums für bilaterale Gespräche (6.–10. Okt. 1980) dienen.[9] Er protokolliert, was Vertreter der an bilateralen Gesprächen beteiligten Kirchen zusammen mit dem Sekretariat für Glauben und Kirchenverfassung zum Thema »Rezeption« erarbeitet haben. In ihm kommt ausführlich zur Sprache, was im Vorwort des Lima-Textes unter Hinweis auf dieses Forum mit »ökumenischer«, »geistlicher« und »offizieller« Rezeption nur angedeutet ist. Das nachfolgende Resumé des Berichtes (a) kann somit auch die oben gestellte Nachfrage zum Verständnis von Rezeption (vgl. S. 11) beantworten. Ob die Antwort ausreicht, die dargelegten Zweifel zu mindern oder gar zu beheben, wird in einer anschließenden Überlegung (b) zu prüfen sein.

a) In dem Forum-Bericht wird zunächst festgestellt, was der *Begriff* »Rezeption« beinhaltet. In einem engeren kirchenrechtlichen Sinn meint er den Vorgang, in dem eine Kirche theologische Lehrmeinungen, Synodal- oder Konzilsbeschlüsse für sich selbst als gültig anerkennt. In einem weiteren umfassenden Sinn bezeichnet das Wort jegliches Bemühen der Kirchen, aufeinander zuzugehen, sich gegenseitig kennenzulernen und besser zu verstehen, in eine vollere Gemeinschaft hineinzuwachsen und die Einheit der Kirche anzustreben. Die Ebenen, Formen und Wege solchen Bemühens können verschieden sein, so daß der Begriff der Rezeption jeweils anders definiert werden muß. Doch wie auch immer die Definition lauten mag, ob sie sich auf den kirchenrechtlichen Vorgang oder auf den vielfältigen Annäherungs-, Verstehens- und Anerkennungsprozeß bezieht, in jedem Fall geschieht Rezeption »nur dann, wenn *Christus* sie aus Gnade durch den Heiligen Geist *vollbringt*« und wenn »*Christus* selbst und seine Gaben *rezipiert*« werden.[10] In diesen *Prozeß* sind alle Gläubigen »je nach unterschiedlichen Gaben einbezogen«, denn Gottes gnädiges Handeln in Christus erfordert, daß das ganze Volk Gottes über alle geographischen, zeitlichen und kulturellen Grenzen hinweg Christus »den neuen Gehorsam« leistet. Angesichts der Bedrohung des Evangeliums innerhalb und außerhalb der Kirche wird die »Rezeption« zur Herausforderung.
Nachdem mit Christus sowohl das Subjekt als auch das Objekt der Rezeption benannt sind und der Prozeß der Rezeption als die erforderliche Gehorsamleistung der Glieder des Leibes Christi deklariert ist, werden die Form der bi- oder multilateralen Vereinbarungen, deren unterschiedlicher Stellenwert und die Rolle der kirchenleitenden Autoriäten im Dialogprozeß behandelt.
Die *Form der Vereinbarung* erscheint als *Sprachproblem*. Die für Spezialisten geeignete und »zuweilen sogar notwendige« theologische Fachsprache, mit deren Hilfe die Experten Mißverständnisse aufklären und Unterschiede überwinden, wird »von der Mehrheit der Gläubigen nicht verstan-

den«; sie muß von den Pfarrern »erst erklärt« werden. Als Alternative bietet sich eine »neue Sprache« an, welche die herkömmlichen, konfessionell geprägten Worte und Formulierungen vermeidet und ein »vertieftes Eindringen« in das Glaubensgeheimnis ermöglicht. Freilich ist auch hier die Hilfe der Pfarrer nötig; sie müssen den »überraschten« und »bestürzten Gläubigen« deutlich machen, daß zwischen den »geliebten traditionellen Wendungen und der neuen Sprache eine Kontinuität besteht«. Sie haben damit die Chance, »zu einer radikalen Reinigung des kollektiven Gedächtnisses einer jeden Kirche wesentlich bei(zu)tragen« durch »vertiefte Unterweisung im Glauben«, »Buße ... und Bereitschaft zum Empfang des Heiligen Geistes«, »Reifung der geistlichen Identität« und »Neu-Interpretation traditioneller Formeln«.[11]

Der *unterschiedliche Stellenwert* gemeinsamer Erklärungen wird im Zusammenhang mit der Art und Weise des *Kirchenregiments* gesehen. Während in einigen Kirchen allein die zuständigen Leitungsorgane in eigener Vollmacht über die Rezeptionsfähigkeit einer theologischen Übereinkunft entscheiden, liefern in anderen Kirchen die »öffentliche Annahme oder Ablehnung« einer Vereinbarung einen Hinweis für deren Wert. Im ersten Fall sieht man die Gefahr, »daß den Erkenntnissen der Nichtfachleute keine genügende Bedeutung zugemessen wird«, im zweiten Fall, daß die öffentliche Reaktion überstürzt erfolgt und kein »echter Gesinnungswandel« stattfindet.[12]

Die *Rolle der kirchenleitenden Autoritäten* besteht in ihrer *Aufgabe*, die wachsende Gemeinschaft zu fördern. Sie entscheidet über den Beginn eines Dialogs, wählt die Kommissionsmitglieder aus, ermutigt zur Diskussion der Dialogergebnisse, sorgt für Vertrauen zwischen den Partnern, läßt dem Dialog genügend Raum, greift nicht zu früh und nicht zu spät ein und prüft die Vereinbarungen auf ihre Tragfähigkeit.[13]

Alsdann verweist der Bericht auf sichtbare *Zeichen einer wachsenden Gemeinschaft* zwischen den verschiedenen Kirchen: gemeinsam gestaltetes Gemeindeleben an einem Ort, gegenseitige Patenschaften, gemeinsame Arbeitsgruppen und Hirtenbriefe und die Vereinigung von Kirchen unterschiedlicher Tradition in einem Land.

Abschließend wird die Rezeption und alles, »was mit ihr zusammenhängt (die Initiative zur Rezeption, der Inhalt des zu Rezipierenden, die für den Fortgang der Rezeption verantwortlichen Leitungsorgane, die Ziele und Methoden), als *Werk des Heiligen Geistes*« bezeichnet, zu dem man sich bekennen muß. Rezeption ist »ein fortdauernder Prozeß im Geheimnis der Kirche«, schließt »Vergangenheit, Gegenwart und Zukunft ... und somit jede Generation von Gläubigen mit ein«, geschieht »nicht individuell, sondern korporativ«, »wird durch Predigt, Lehre und praxis pietatis verstärkt«, ist von »geistlicher Dynamik« getragen und kommt an ihr Ziel, »wenn der volle und freie Konsens der Mitglieder der Koinonia erreicht ist«.[14] So läuft die Rezeption auf die volle Einheit im Glauben hinaus: das gemeinsame Verständnis des Evangeliums, der Lehre der Apostel und der Sakramente der Kirche; sie steht im Horizont der sichtbaren Einheit der Kirche.[15]

b) Der dargelegte Versuch, Rezeption zu denken und vorzustellen, ist ernst gemeint und als solcher muß er zunächst respektiert werden. Er weist sich als ein Glaubensexperiment aus und verbindet darin drei Aspekte. Zum einen bietet er eine *theologische Interpretation,* die Christus zugleich das Subjekt und Objekt der Rezeption sein läßt und den Rezeptionsvorgang als Werk des Heiligen Geistes bekennt. Seine Vorstellung der Rezeption gewinnt er in einer visionären Schau, und schon die geringste Gemeinsamkeit unter konfessionsverschiedenen Partnern gilt als Beleg für die geschaute Einheit. Hier kann nichts fragwürdig sein, weil Gott selbst in dem Rezeptionsprozeß gnädig handelt und die Gläubigen lediglich Gehorsam schulden und weil es inhaltlich um die »immerwährende« und »verbindliche Wahrheit« geht und nicht um hypothetische Erwägungen. Somit erübrigt sich auch ein Nachdenken über die Möglichkeit von Rezeption; denn der geistliche Kommunikationsprozeß, der »sich ›von Glauben zu Glauben‹ vollzieht«, ist immer schon gegeben.
Zum andern ist die theoretische Explikation auf ein einsehbares *soziales Phänomen* bezogen, denn die gedachte und vorgestellte geistliche Realität äußert sich auf mancherlei Weise. Sie hat ihren konkreten Ort in den zwischenkirchlichen Begegnungen, findet in gemeinsamen Erklärungen ihren Niederschlag und leuchtet in »sichtbaren Zeichen wach-

sender Gemeinschaft« auf. Im faktischen Vollzug des Glaubens und in der sozialen Beziehung der Kirchenglieder gewinnt die geistliche Realität ihre situative und welthafte Repräsentanz. Die Form der Vereinbarung, der organisatorische Aufbau der Kirchen und die kirchenleitenden Autoritäten sind die bestimmenden Elemente in jenem Wirken des Heiligen Geistes. Damit aber ist Rezeption, wie sie die theologische Interpretation bekennt, nunmehr nicht eine immerzu mögliche bloße äußere und nachträgliche Kundgabe dessen, was innerlich »sich ›von Glauben zu Glauben‹ vollzieht«. Sie wird erst durch Kirche als Institution ermöglicht, die sie voraussetzen muß, wenn sie auf die sichtbare Gemeinschaft von glaubenden Menschen in dieser Welt angelegt ist. Als sozialer Vorgang hat sie ihren Ort und ihre Zeit; die Artikulation ist gebunden an Sprache und Kirchenregiment; die jeweilige Situation bestimmt Art und Weise des Vollzugs; in ihrem prozessualen Charakter korreliert sie mit geschichtlichen Gegebenheiten. Hier kann alles fragwürdig sein, weil die irdischen Kirchen in dem vorgestellten Rezeptionsprozeß reden und handeln und weil es inhaltlich um deren Tradition und gegenwärtige Verkündigung geht. Und so ist hier auch über die Bedingungen nachzudenken, unter denen Rezeption als möglich erscheint. Das »vorher« und »außer mir« geglaubte Subjekt und Objekt der Rezeption (Christus) und die darin beschlossene geistliche Realität (Heiliger Geist) mögen unabhängig von ihrer Geltung bestehen. Ebenso mag der geistliche Kommunikationsprozeß schon immer gegeben sein. Doch der reflektierte Glaube ist von der praktischen Verwirklichung (Kirche) nicht zu trennen. Diese Verwirklichung aber muß um ihrer Glaubwürdigkeit willen auf die »menschlichen Bedürfnisse« eingehen und den Anforderungen der Situation entsprechen; und dabei unterliegt sie deren Bedingungen.
Zum dritten beinhaltet der Versuch, Rezeption zu denken, die *Vorstellung schrittweisen Wachstums* zur sichtbaren Einheit der Kirche. Sie findet Anhalt an den »Zeichen wachsender Gemeinschaft«, die hier und dort festzustellen sind, und an der Überzeugung, daß in allem Wandel eine Kontinuität des Glaubens durch die Jahrhunderte besteht. Das vorgestellte Wachstum geht aus von der Lehre der Apostel, nährt sich vom Glaubenskonsens der Tradition wie vom »Reichtum einer jeden Kirche«, läßt »geistliche Identität«

reifen und kommt mit dem »vollen und freien Konsens der Mitglieder der Koinonia« im apostolischen Glauben zum Ziel. Das Ende des Weges gleicht also seinem Anfang, wo »das Heil und die Offenbarung ... den Aposteln übergeben wurde«;[16] und der Fortschritt stellt sich als Rückgewinnung der Vorgabe, als Orientierung zum Ursprung oder auch als Kreisbewegung dar, welche die geschichtlich bedingten konfessionellen Spaltungen diskreditiert und hinter sich läßt. Die Geschichte der Kirchen erscheint somit zunächst als ein Umweg. Der andauernde, Vergangenheit, Gegenwart und Zukunft umschließende Prozeß erfüllt indessen seinen Zweck, wenn die kollektiven Gedächtnisse der Kirchen gereinigt, die traditionellen Formeln zeitgleich interpretiert, neue Einsichten in die immerwährende Wahrheit gewonnen, Buße und Glaube entwickelt und vertieft werden. Dabei handelt es sich – dies gehört zu seiner Eigenart – um einen Vorgang, der in einzelnen Schritten erfolgt. Sie werden von den das Evangelium bedrohenden Gegebenheiten innerhalb wie außerhalb der Kirchen provoziert, und ihre Abfolge bedeutet eine Steigerung, so daß mit dem letzten Schritt die Einheit und die Fülle des Glaubens erreicht ist. Die als »Herausforderung« gewertete Geschichte wird damit zu einem durchaus nützlichen Umweg. Indem nun »für jeden Schritt« auf diesem Weg auch noch ein »echter Gesinnungswandel ... erforderlich ist«, zeigt jedes prozessuale Stadium bereits einen partiellen Glaubenskonsens an. So begründet die Vorstellung eines schrittweisen Wachstums gegen alle geschichtlichen Einwände jene Hoffnung, daß die sichtbare Einheit der Kirche in den irdischen Verhältnissen erreichbar ist. Freilich ist dies nur eine recht vage Hoffnung, denn die Wachstumsvorstellung ermöglicht auch immer und zugleich den Glaubensdissens und zwar in doppelter Hinsicht. Erstens markiert jeder Schritt nur einen mehr oder weniger großen Teilabschnitt; die »immerwährende« und »verbindliche Wahrheit« ist aber unteilbar, so daß jeder partielle Glaubenskonsens zumindest eine Anfrage an die Wahrheit des Glaubens hervorrufen muß, wenn er nicht sogleich eine andere Antwort zur Seite hat, die den Dissens ausspricht. Zweitens bezeichnet die gemeinte Herausforderung nur eine Auswahl unter den geschichtlichen Gegebenheiten; sofern aber die Wahrheit des Glaubens alle Aspekte menschlichen Lebens betrifft und darum nur ein Maximalkonsens der Pluralität der Situation angemessen sein kann, läßt ein partieller Glaubenskonsens notwendigerweise Freiräume für andere Meinungen. Dies gilt erst recht für einen bloßen Grundkonsens, der die je konkrete geschichtliche Situation überspielt. Wenn also bei dem schrittweisen Vorgehen mit jedem erreichten Konsens implizit die Möglichkeit des sachlich berechtigten Widerspruchs gegeben ist, so bedeutet dies, daß die als schrittweises Wachstum vorgestellte Rezeption den ihr zugedachten Zweck nicht erfüllen kann. In ihrem Wahrheits- wie Situationsbezug bleibt sie begrenzt.

Insgesamt zeigt das Nebeneinander von theologischer Interpretation, Eingehen auf soziale Vorgänge und Wachstumsvorstellung wie deren Verknüpfung, daß das in dem Forum-Bericht dargelegte Verständnis von Rezeption ziemlich komplex und in sich spannungsvoll ist. Der Begriff muß je nach Gelegenheit »anders definiert werden«. Als Werk des Heiligen Geistes bleibt Rezeption mit Christus als Subjekt und Objekt fraglos. Wird aber diese geistliche Realität hinsichtlich ihrer welthaften und situativen Repräsentanz betrachtet, dann gerät Rezeption zu einem recht fragwürdigen Unternehmen. In der Vorstellung des schrittweisen Wachstums steht schließlich ihre Glaubwürdigkeit auf dem Spiel, wenn sie an der Übereinstimmung von Behauptung und Wirklichkeit gemessen wird. Angesichts dieses Sachverhalts ist die Frage noch immer offen, ob Rezeption – geistlich, ökumenisch, offiziell oder wie sonst – überhaupt eine Chance besitzt. Dieses Ergebnis befriedigt freilich nicht, zumal dann, wenn eine multilaterale theologische Übereinkunft wie der Lima-Text zur Rezeption angeboten wird. Indessen ist die Auskunft der Forum-Autoren reizvoll genug, um zu einer kritischen Auseinandersetzung anzuregen, die vielleicht doch noch eine denkbare Antwort auf die gestellte Frage entdecken läßt.

Eine »Insel der Seligen« (Hesiod)

Das Verständnis von Rezeption, wie der Forum-Bericht es vorlegt, will in allen drei genannten Aspekten dem Anspruch des christlichen Glaubens und seiner Verheißung gerecht werden und zugleich den Umstand beachten, daß Christen

in einer Vielzahl konkreter Kirchen und in unterschiedlichen Situationen leben. Der Versuch war zunächst als Glaubensexperiment zu respektieren, doch er konnte nicht überzeugen. Zwar müssen Glaubensexperimente nicht notwendig plausibel sein, weil sie u. a. auf religiösen Erfahrungen beruhen, die nicht für jeden und ohne weiteres einsehbar und deshalb nicht überprüfbar sind. Und sofern die Autoren des Forum-Berichtes mit ihrer Rezeptions-Vorstellung und ihrem ökumenischen Engagement zugleich eine existentielle Entscheidung ausdrücken wollen, so kann eine solche ebensowenig analysiert werden, weil die hier wirksamen Faktoren sich nicht allesamt reflex objektivieren lassen. Aber indem der dargelegte Versuch einerseits sich auf theologische Sachverhalte bezieht, die der Lima-Text dokumentiert und über die dort Einverständnis besteht, und andererseits Faktoren aufführt, die grundsätzlich der empirischen Betrachtung zugänglich sind, so steht er gleichwohl für eine kritische Auseinandersetzung offen. Sie soll die Mängel dieser Rezeptionsvorstellung aufdecken und damit begründen, warum sie nicht überzeugt.
Das *Defizit* ist methodischer wie sachlicher Art und beides steht in einem Zusammenhang. Der *methodische* Mangel besteht darin, daß die theologische Interpretation, die Betrachtung der sozialen Phänomene und die Vorstellung schrittweisen Wachstums an entscheidender Stelle abgebrochen werden. Der *sachliche* Verlust ergibt sich aus dem methodischen Mangel, der dazu führt, daß thematisch notwendige Inhalte unbeachtet bleiben und die Auskunft darum dem Sachverhalt nicht angemessen ist.

a) Die *theologische Interpretation* hebt auf die Wirksamkeit des Heiligen Geistes ab. Durch ihn wird »Gottes Heilswille in Christus in verschiedenen kulturellen Kontexten und persönlichen Lebenserfahrungen zur rettenden Wirklichkeit«. Er gliedert in den Leib Christi (Kirche) ein und gibt allen Gläubigen Auftrag, Gaben und Vollmacht, an der Rezeption Christi teilzuhaben. In sein Werk ist »das ganze Volk Gottes – je nach seinen unterschiedlichen Gaben – einbezogen«.[17] Diesen formelhaften Aussagen müßte eine Explikation folgen, die besagt, wie die »rettende Wirklichkeit« als Ausweis der Rezeption zu erfahren und zu erkennen ist, auf welche Art und Weise die Gläubigen den Heilswillen in

Christus rezipieren, wodurch sie in den Leib Christi eingegliedert werden und die Gaben des Heiligen Geistes empfangen, die zur Weitergabe des Evangeliums befähigen. Darauf wird jedoch verzichtet und somit auf jeglichen Beleg, an welcher Erfahrung die Thesen ihren Anhalt finden. Aus dem unzureichenden Verfahren ergibt sich zwangsläufig ein sachliches Defizit.

Die Behauptung, die Rezeption Christi im Volk Gottes bewirke allein der Heilige Geist, bleibt mangelhaft, wenn nicht zugleich Mittel und Wege wie die Konkretion dieser Wirksamkeit benannt werden. Denn nicht die Dynamik und das Ziel des Heiligen Geistes, sondern sein sichtbares Wirken geben der gemeinten Rezeption ihren Inhalt und liefern ein Kriterium, an dem das Geschehen zu ermessen ist. Es genügt hier nicht, generell auf »den neuen Gehorsam« der Christen zu verweisen, den Gottes Handeln erfordert und durch den das Werk des Heiligen Geistes Gestalt gewinnen soll. Eine theologische Interpretation der Rezeption Christi müßte zumindest auf den geistgewirkten erfahrbaren Umstand eingehen, der in das Volk Gottes eingliedert, die Rezeption initiiert und den Prozeß ins Laufen bringt. Es fehlt somit der Hinweis auf die *Taufe* als entscheidender Faktor der Rezeption. Sie markiert die Aufnahme in den Neuen Bund zwischen Gott und seinem Volk und begründet den »Prozeß der Rezeption auf allen Ebenen«. Aber nicht nur als Anfangsdatum ist die Taufe zu beachten. Vielmehr stellt sie auch den kennzeichnenden inhaltlichen Bestandteil der Rezeption dar. Denn sie ist »nicht nur auf eine augenblickliche Erfahrung bezogen, sondern auf ein lebenslängliches Hineinwachsen in Christus« und die »ständige Erfahrung der Gnade«. Sie motiviert zur »Verwirklichung des Willens Gottes in allen Bereichen des Lebens«.[18]

Der *Lima-Text* dokumentiert, was der Forum-Bericht zum eigenen Nachteil übergeht, und er legitimiert die entsprechende Kritik, sofern er eine multilaterale theologische Konvergenz ausdrückt. Die Rezeption Christi im Volk Gottes expliziert er sachgemäß als *Taufgeschehen*.[19] Die Taufe (»das Zeichen neuen Lebens«) ist das sichtbare Wirken des Heiligen Geistes; die »Gaben von Glaube, Hoffnung und Liebe« zeigen dessen Dynamik; das Ziel des Geistwirkens (»die Einheit mit Christus« und »die wahre Einheit der christlichen Gemeinschaft«) ist »in der Taufe begründet«.

Beschenkt mit dem Pfingstgeist und eingegliedert in den Leib Christi werden die Getaufen »zu Teilhabern am Geheimnis von Christi Tod und Auferstehung«, und sie »empfangen als Teil ihrer Tauferfahrung eine neue ethische Orientierung unter Führung des Heiligen Geistes«. Damit führt die Taufe »die Wirklichkeit des neuen Lebens ein, das inmitten der heutigen Welt gegeben wird«. Die Taufe weist »von ihrem innersten Wesen her auf die eucharistische Teilhabe an Leib und Blut Christi« hin. Die Feier der Eucharistie stellt darum »die offenkundigste Form einer erneuten Bestätigung« der Taufe dar. Gemessen an diesen Aussagen über das Taufgeschehen kann nur festgestellt werden, daß das »Nachdenken« der Forum-Autoren über den »breiteren, umfassenderen Inhalt« von Rezeption, theologisch als Rezeption Christi im Volk Gottes durch den Heiligen Geist interpretiert, sein Thema verfehlt hat.

b) Bei der *Betrachtung der welthaften und situativen Repräsentanz* der geistlichen Realität im Rezeptionsprozeß darf »die durch die Taufe gegebene Gemeinschaft« der Getauften wie die »Verwirklichung des Willens Gottes in allen Bereichen des Lebens« nicht unberücksichtigt bleiben, wenn der Inhalt der gemeinten Rezeption nicht verkürzt werden soll. Indessen rekurriert der Forum-Bericht auf die Form gemeinsamer Vereinbarungen, den organisatorischen Aufbau der Kirchen und die Rolle kirchenleitender Autoritäten und bringt »verschiedene Ebenen und Formen der Rezeption« ins Spiel. Unbestritten handelt es sich dabei um wichtige Elemente des Rezeptionsprozesses, die bedacht werden müssen, weil sie zu den Bedingungen »der heutigen Welt« gehören, in der die »rettende Wirklichkeit« gegeben ist. Wenn allerdings »das ganze Volk Gottes« – wie nachdrücklich behauptet wird – »in diesen Prozeß einbezogen« ist, also alle Getauften an der Rezeption Christi teilhaben und diese in »Auftrag und Vollmacht« leisten sollen, dann ist das getaufte Volk in seinem realen Bestand derjenige Faktor, der den prozessualen Vorgang trägt und entscheidend bestimmt. Daß »Christus seinen Leib geordnet« hat und deshalb die Rezeption auf »verschiedene Weise«, d.h. ordnungsgemäß geschehen soll, darf nicht dazu verführen, die Frage der Rezeption auf ein Problem des Kirchenregimentes und der Form theologischer Texte zu reduzieren. Doch indem auch hier das Verfahren methodisch begrenzt bleibt: die Getauften lediglich als Adressaten und unter dem Gesichtspunkt ihrer möglichen Reaktionen einführt (»überrascht und bestürzt«, »Ablehnung oder Annahme«), ist ein sachliches Defizit unvermeidlich.

Die perspektivische Sicht, die den »kirchlichen Leitungsorganen« als »integrierenden Bestandteil des Rezeptionsprozesses« eine »Rolle von großer Tragweite« zuerkennt und den prozessualen Vorgang unter dem Blickwinkel von Kompetenz und Zuständigkeit betrachtet, ist zunächst eine Konsequenz der voraufgegangenen theologischen Interpretation. Daneben aber ist jene Verkürzung auch die Folge eines vorausgesetzten, jedoch nicht explizit ausgesprochenen Kirchenverständnisses. Beides vermischt sich nun bei dem zweiten Aspekt, der auf die sozialen Vorgänge abhebt und den faktischen Vollzug der Rezeption durch die Glaubenssozietät beinhalten soll. Seine sachlichen Mängel sind offenkundig.

Zum einen. Bei der Berücksichtigung des Taufgeschehens, zu der die bereits genannten theologischen Gründe allen Anlaß geben, müßte den *Getauften* einzeln wie in ihrer Gesamtheit die entscheidende Rolle im Rezeptionsprozeß zufallen. Doch in den Aussagen des Forum-Berichtes stehen sie hinter dem »uniformierten Teil der Streiter Gottes« (K. Rahner) zurück. Zudem bekräftigt jede empirische Beobachtung (die hier als Argument zulässig ist), daß die »Verwirklichung des Willens Gottes in allen Bereichen des Lebens« von den Getauften abhängt und daß ohne sie eine solche Rezeption nicht stattfindet. Und selbst dann, wenn mit Rezeption nur ein kirchenrechtlicher Vorgang gemeint ist, so bleibt er ohne Zustimmung und Vollzug durch die Getauften erfolglos. Auch für Fortschritte im Rezeptionsprozeß, die nicht ans Ziel kommen, gilt, daß sie keine sind. Zumindest müßte die entscheidende Rolle der Getauften als ein *Problem* thematisiert werden. Indessen ist nur eine Fehlanzeige zu bemerken.

Zum andern. Die *Taufgemeinschaft* nach getauften Amts- und Funktionsträgern und sonstigen Getauften zu differenzieren und demgemäß den Rezeptionsprozeß zu strukturieren, ist am Modell weltlicher Organisationsformen abgelesen, nicht an der »Wirklichkeit des neuen Lebens, das inmitten der heutigen Welt gegeben wird« durch die Taufe. Dies

ist aber weder dem theologischen noch dem empirischen Sachverhalt angemessen. Das Werk des Heiligen Geistes und das Taufgeschehen werden eingeengt und die Bedeutung der Taufe als Teilhabe am Geheimnis Christi wird gemindert, indem organisatorische Gliederung zu hierarchischer Ordnung stilisiert eine theologische Qualität gewinnt, die amtliche Wort- und Sakramentsverwaltung als Konstitutivum der Taufgemeinschaft das Walten des Heiligen Geistes kanalisiert und eine offizielle Lehrautorität über Inhalt und Form des zu Rezipierenden befindet. Zwar erwähnt der Forum-Bericht »die Gefahr, daß den Erkenntnissen der Nichtfachleute keine genügende Bedeutung zugemessen wird«, bevor die kirchliche Autorität entscheidet. Aber diese Formulierung verrät, welchen Rang inkompetente Getaufte neben Theologen und Amtsträgern hier einnehmen. Sie weist hin auf ein fragwürdiges Kirchenverständnis, das den Rezeptionsprozeß nicht an der Taufgemeinschaft als solcher festmacht, sondern am Kirchenregiment orientiert. Dabei sind freilich auch empirische Sachverhalte im Spiel, doch sie werden ebenso selektiv behandelt wie die theologischen. So bleibt der Tatbestand unbeachtet, daß die Taufgemeinschaft sowohl gläubige Getaufte umfaßt als auch getaufte Ungläubige bzw. solche, die dafür gehalten werden, es mögen sog. Häretiker wie Gleichgültige, Uninteressierte oder »halbe Christen« sein. Keinem gültig Getauften darf die Zugehörigkeit zur Kirche abgesprochen werden, wenn einerseits der Wert der Taufe nicht verharmlost und andererseits die legitime Differenz zwischen individuellem und offiziellem Glauben nicht aufgehoben werden soll. Damit ist die Frage der Kirchenzugehörigkeit angezeigt. Gleich wie sie beantwortet wird, zumindest müßte das *Problem* thematisiert werden, ansonsten bleibt die Rede vom »ganzen Volk Gottes« irreal und formelhaft.
Die sachliche Engführung zuerst bei der theologischen Interpretation (vgl. S. 37f) und jetzt bei dem sozialen Aspekt der Rezeption in der einen wie der anderen Hinsicht bietet allerdings einige Vorteile, wenn man es so will. Sie klammert zunächst einmal Problemstellungen aus. Das Handeln Gottes und die Wirksamkeit des Heiligen Geistes lassen sich ohne weitere Explikation nicht befragen, wenn man nicht schon beides überhaupt bestreitet. Und bezüglich des Rezeptionsprozesses vermindern sich die Fragen, wenn das betrof-

fene Volk Gottes nach Ordnungskategorien und nicht nach seinem realen Bestand betrachtet wird. Dann kann mit jener Engführung der Rezeptionsprozeß überschaubar dargeboten und zum Appell formalisiert werden; auch eine Erfolgskontrolle ist möglich. Denn es geht um wenige, gemeinsam vereinbarte Texte, die zu rezipieren sind, um bekannte kirchliche Autoritäten, die den Textinhalt zu sanktionieren und den Prozeß zu verantworten haben, dann um Seelsorger, die ihre pastorale Aufgabe erfüllen sollen, und schließlich um die noch erreichbaren Kirchentreuen, die als gutwillige Adressaten zum »Gesinnungswandel« aufgerufen sind. In alledem geht es prinzipiell um die Sicherung der Tradition, des überlieferten Reichtums, um die Kontinuität des »Glaubens der Kirche durch die Jahrhunderte«, weniger um heutiges Glaubensbewußtsein und den kaum wägbaren Alltag des christlichen Lebens, deren Pluralität und Komplexität das ganze Unternehmen erschweren und stören könnten. So wird Rezeption sachlich und personell zu einem ziemlich *elitären Vorgang,* obgleich als Ziel die Verwirklichung des Glaubens in *allen* Lebensbereichen, das *ganze* Volk Gottes und die *universale* Einheit der Kirche vor Augen stehen.

c) Die *Vorstellung schrittweisen Wachstums,* die an den genannten methodischen und sachlichen Mängeln teilhat und mitleidet, liefert gleichsam das Alibi für die Abwesenheit der Forum-Autoren von der pluralen Situation und der mit ihr korrelierenden Pluralität des Glaubens. Die »Zeichen wachsender Gemeinschaft«, die der Bericht nennt, und der erreichte partielle Glaubenskonsens, auf den hoffnungsvoll verwiesen wird, belegen, wie weit die Wachstumsvorstellung von einer realen, nüchternen Einschätzung der Verhältnisse unserer Welt, in der wir wohnen, ihren Bedingungen und Möglichkeiten entfernt ist. Und daß das Engagement für den Konsens der Vergangenheit, den alten Bekenntnissen, und für das gemeinsame soziale Zeugnis den damit immer einhergehenden Dissens überspielt, zeigt an, wie wenig das schrittweise Wachstum mit der unabdingbaren Pluralität des Glaubens zu tun hat. In jene Vorstellung müßte indessen zweierlei, wiederum zumindest als *Problem,* thematisch aufgenommen und verarbeitet sein, wenn von der Beteiligung aller Getauften an der Rezeption Christi nicht abgesehen und »die Einheit der Taufe in einer, heili-

gen, katholischen und apostolischen Kirche realisiert« werden soll, wie es die Lima-Konvergenz meint.
Zum einen. Christlicher Glaube, der wachsen soll, also nicht zum Anfang zurückkehrt und nicht stagniert, geht über das bisher Geglaubte hinaus und wandelt sich nach Form und Inhalt, wie es die konkrete Situation erfordert. Er ist von seiner praktischen Verwirklichung nicht zu trennen, erschöpft sich nicht in Reflexion wie auch nicht in der Annahme dessen, was ihm glaubensverbindlich durch Leitungsorgane vorgelegt wird. Indem aber seine je spezifische Situation einerseits immer schon andere Situationen zur Seite hat und von solchen abgelöst wird, andererseits die jeweilige konkrete Situation durch Einmaligkeit charakterisiert ist und keine Dauer besitzt, so steht er in einem Konnex mit der *Pluralität der menschlichen Situationen*. Sie bedingt die Art und Weise seiner Artikulation wie die mögliche und notwendige inhaltliche Differenz zwischen dem vorher und nachher, dem hier und dort Geglaubten. Sie begründet eine Pluralität des christlichen Glaubens, die Konsens und Dissens einschließt, und sie erfordert eine solche Vielfalt, sofern christlicher Glaube in der bestimmten Situation seinen Sinn behalten soll.
Zum zweiten. Christlicher Glaube, der in der Rezeption Christi wachsen will, also nicht auf diese oder jene, alte oder neue, fundamentale oder partikulare theologische Wahrheit sich beschränkt, ist darauf angelegt, die Wahrheit des Christus möglichst umfassend auszudrücken und zu verwirklichen. In seinem Wahrheits- wie in seinem Situationsbezug muß er unaufhörlich ein Maximalglaube sein, sonst verniedlicht er die ganze Wahrheit und genügt nicht der je konkreten Situation. Indem aber einerseits ein solcher Maximalglaube an seine Situation gebunden und darum begrenzt ist und immer auch andere von gleicher Art neben sich hat, andererseits er in seiner Konkretheit einmalig bleibt und – wegen der letztlich unauslotbaren Wahrheit des Christus und aufgrund des Wandels und der Abfolge der Situationen – keinen dauerhaften Bestand findet, so ergibt sich eine *Pluralität von je maximalem christlichen Glauben*. Sie umfaßt die Verkündigung des historischen Jesus von Nazareth, die biblischen Explikationen des Glaubens, die apostolischen Lehren wie alle nachfolgenden Glaubensbekenntnisse und die jeweilige Vollzüge. Sie relativiert jeden maximalen (wie

auch partiellen) Glaubenskonsens und qualifiziert einen Fundamentalkonsens als mangelhaft und untauglich, der Wahrheiten selektiert, deren Unveränderlichkeit behauptet und christlichen Glauben auf vermeintliche Gemeinsamkeiten zu allen Zeiten und für alle Zeiten reduziert. Sie ermöglicht Disharmonie, Konkurrenz und Widerspruch zwischen den partikularen Maximalpositionen und läßt die Gleichzeitigkeit wie das Miteinander und Nacheinander von Konsens und Dissens zu.

Indessen eröffnet solche Pluralität *allen Getauften,* auf ihre je bedingte Weise an der Rezeption Christi teilzuhaben, obgleich ein Verfehlen der ganzen Wahrheit und ein Verkennen der konkreten Situation nicht auszuschließen sind. In diesem Selbstvollzug, zu dem die Taufgnade ermächtigt und befähigt, und in der Gleichsetzung mit allen Getauften ist jeweils die »Einheit der Taufe« zu gewinnen und die Taufgemeinschaft kognitiv und handelnd zu realisieren, obgleich im Fortgang der Welt die partikularen Maximalpositionen des Glaubens – sei es nebeneinander, konkurrierend oder widersprechend, sei es miteinander, kommunikativ oder harmonisierend – Recht und Sinn behalten. Der transzendente Bezug auf die Wahrheit des Christus gibt die Orientierung und vermittelt die Dynamik des Heiligen Geistes, obgleich beides in den alltäglichen Erfahrungen der realen Wirklichkeit immer an die je bestimmte Situation gekoppelt ist und deshalb vielfältig begegnet.[20]

Der hier thematisierten Problematik, welche die Faktizität der Christenheit in ihrer Pluralität und Variabilität in den Blick nimmt, geht der Forum-Bericht aus dem Weg. Er ist auf eine sichtbare Einheit der Kirche – ob als »konziliare Gemeinschaft«, »versöhnte Verschiedenheit« oder wie sonst – fixiert, bei der das Zeugnis der alten Apostel von Gottes Handeln im »Zentrum der Kirche« steht, »das Amt des Leibes Christi zur Ehre Gottes« den Angel- und Drehpunkt darstellt und die »Sakramente der Kirche« beides zeichenhaft sichtbar machen. Zu dieser Einheit soll das im theologischen Dialog zwischen den verschiedenen Kirchen erreichte und in dem referierten Rezeptionsprozeß aufgenommene gemeinsame Verständnis christlichen Glaubens hinführen. Die kritische Auseinandersetzung hat die methodischen und sachlichen Mängel dieser Vorstellung ausgewiesen und gezeigt, daß durch eine Engführung grundlegende theologische

Sachverhalte (Taufe, Taufgeschehen, Taufgemeinschaft) und bestimmte empirische Tatbestände (Gesamtheit aller Getauften, Pluralität der Situation wie des Glaubens) ausgeblendet werden. Die dargelegten Probleme, die dadurch anstehen und zu thematisieren waren, machen die vorgestellte Rezeption und deren Ziel bzw. Horizont (die Vision der sichtbaren Einheit) fragwürdig. Aufgrund der gezeigten Verkürzung und infolge der umgangenen Problematik reduziert sich die als sachlich (Rezeption Christi) und personell (das ganze Gottesvolk) umfassend behauptete Rezeption zu einem *elitären Vorgang*. Sie bezieht sich auf das Beste im kollektiven Gedächtnis der Kirche, sucht es zu sichern und auf dem Weg über das »Amt des Leibes Christi« dem Volk zu vermitteln, das freilich auch nur in den zum »Gesinnungswandel« bereiten Besten erreicht wird. So bleibt jetzt nur noch die oben (S. 35) gestellte Frage offen, ob angesichts dieses Sachverhaltes die gemeinte Rezeption eine Chance besitzt. Sie kann beantwortet werden.
Obgleich die Einheit der Kirche, wenn sie gemäß dem Anspruch des christlichen Glaubens und seiner Verheißung umfassend gedacht wird, nicht die Sammlung von Elite und Elitärem zum Zweck und Ziel haben kann, so hat gleichwohl die hier vorgestellte »ökumenische Rezeption« doch noch einen Sinn und eine Chance – auf einer »Insel der Seligen«, um es mit einem Wort des griechischen Dichters Hesiod zu sagen, der in seiner deftigen Poesie jenen Ort ohne Last irdischer Probleme schildert.

Die *Lima-Konferenz* hat hoffnungsvoll die Erwartung ausgesprochen, daß mit der dort verabschiedeten Konvergenz-Erklärung über Taufe, Eucharistie und Amt eine *Phase der Rezeption* beginnen kann, welche die christlichen Kirchen in der Welt der *sichtbaren Einheit* näher bringt. Es war unter Bezug auf Autorenschaft und Qualität des Lima-Dokumentes wie auf dessen Adressaten zu überlegen, unter welchen Bedingungen diese gewünschte Rezeption als möglich gedacht werden kann (S. 8ff). Das Beispiel der *Rollenverteilung im ökumenischen Dialog* (S. 14ff) machte deutlich, daß es an notwendigen Voraussetzungen für eine »ökumenische Rezeption« fehlt. Die aufgeführten *Testfälle des ökumenischen Dialogs* (S. 19ff) zeigten, daß das Bemühen um Einheit der Kirche gleichsam unter Laborbedingungen stattfindet. Die empirischen Beobachtungen wurden konfrontiert mit einem theologischen *Versuch, Rezeption zu denken und vorzustellen* (S. 29ff). Doch auch hier mußte die Frage offen bleiben, ob Rezeption eine Chance besitzt. Die *kritische Auseinandersetzung* mit diesem Versuch (S. 35ff) legte dessen methodischen und sachlichen Mangel dar. Er genügte weder in theologischer noch in empirischer Hinsicht. Jedoch als elitärer Vorgang betrachtet bleibt die problematisierte »ökumenische Rezeption« ein interessantes Unternehmen. Auf einer »Insel der Seligen« mag vieles zu entdecken und zu erforschen sein. Dieses Interesse wird durch Beschäftigung mit dem Lima-Dokument in einer gewissen Weise befriedigt.

Anmerkungen

[1] Vgl. den Lima-Bericht von *Ulrich Kühn*, »Faith and Order« vor der Herausforderung Lateinamerikas, in: MDdKI 33, 1982 (H. 2), 23–25. – Der *Text* der Konvergenzerklärung bei *H. Meyer/H. J. Urban/L. Vischer* (Hg.), Dokumente wachsender Übereinstimmung, 1982; auch als Sonderdruck erschienen unter dem Titel »Taufe, Eucharistie und Amt« (1982), aus dem nachfolgend zitiert wird (Abk. SD).

[2] SD 7.

[3] Vgl. zum folgenden das Vorwort, SD 4–7.

[4] Text in: Una Sancta 37, 1982 (H. 1), 15–30.

[5] Vgl. die Lima-Berichte von *Ulrich Kühn,* a.a.O. 24, und von *Walter Kasper,* in: Una Sancta 37, 1982 (H. 1), 9–11.

[6] Vgl. den Lima-Bericht des Sekretariats, a.a.O. (Anm. 4) 16.

[7] Text in: Una Sancta 36, 1981 (H. 2), 92–97.

[8] Vgl. u.a. *Ökum. Rat d. Kirchen* (Hg.), Konzile und die ökum. Bewegung, Genf 1968 (Studien, 5) – *A. Grillmeier,* Konzil u. Rezeption, in: ThPh 45, 1970, 321–352 – *Y. Congar*, Die Rezeption als ekklesiologische Realität, in: Conc 8, 1972, 500–514 – *H. Mühlen,* Morgen wird Einheit sein, 1974 – *W. Hryniewicz,* Die ekklesiale Rezeption in d. Sicht d. orthodoxen Theologie, in: ThGl 65, 1975, 250–265 – *G. Gaßmann,* Rezeption im ökum. Kontext, in: ÖkRs 26, 1977, 314–327 – *F. Wolfinger,* Die Rezeption theologischer Ansichten u. ihre theol. u. ökum. Bedeutung, in: Cath 31, 1977, 202–233 – *Ders.,* Rezeption, ein Zentralbegriff d. ökum. Diskussion oder des Glaubensvollzugs?, in: ÖkRs 27, 1978, 14–21 – *Dt. Ökum. Studienausschuß* (Hg.), Verbindliches Lehren d. Kirche heute, 1978 (ÖkRs Beih. 33) – *P. Lengsfeld* (Hg.), Ökumenische Theologie, 1980 (Lit.) – *P. Lengsfeld/H. G. Stobbe* (Hg.), Theologischer Konsens u. Kirchenspaltung, 1981 – *U. Kühn,* Rezeption als Erfordernis u. Chance, in: Die Zeichen d. Zeit 36, 1982, 261–265.

[9] The three reports of the Forum on Bilateral Conversations. Faith and Order Paper 107, Genf 1981, 37–44; dt. Übersetzung in: Una Sancta 37, 1982, 38–43.

[10] Zitate nach d. dt. Übers., a.a.O. 39.

[11] a.a.O. 40.

[12] a.a.O. 41.

[13] a.a.O. 41f.

[14] a.a.O. 42.

[15] a.a.O. 43.

[16] a.a.O. 39.

[17] Vgl. a.a.O. 39.

[18] SD 11f.

[19] SD 9ff.

[20] Vgl. dazu die Überlegungen in meiner »Kirchenkunde der Gegenwart« (Stuttgart 1979, 253–55. 272–73. 277–84), die ich hier aufnehme, variiere, ergänze und fortführe.